書かれざる戦後思想

元学徒兵・亀島貞夫の躓きと希望

Takakusagi Koichi

高草木光一

花伝社

はしがき

戦後八〇年が経った。

この間、民主主義と平和主義はどのように定着し、また変質していったのか。戦後の立脚点となった日本国憲法の「改正」が長い間叫ばれつづけていることを見ても、民主主義や平和主義はつねに揺らぎのなかにあって、辛うじて危うい均衡を保っている。広く世界を見渡すと、民主主義の形骸化、平和主義の破綻は二一世紀に入って顕著となり、先行きを見通せない不透明な日々がつづいている。ますます混迷を深めつつある状況に立って、未来への希望を展望することは時代の要請であると言ってもよい。おそらく世界史上初めて、民主主義に絶対平和主義を結びつけた戦後日本の原点に、いま節目の年に当たって立ち返ってみたいと考える。

問題は、その「原点」をどこに求めるかである。日本国憲法の成り立ち等について今さら議論するつもりはない。むしろ、戦後の価値観の根底的な転換に、希望や期待とともに懐疑や逡巡を覚え、時代と苦闘した人々の生きざまに焦点を当てること、彼らの生身の身体を貫く自己矛盾を探ることを、思考の出発点としたい。その「彼ら」というのは、広義の「わだつみ世代」の人々である。狭義には、学徒出陣で戦争に駆り出された元学徒兵たちを指すが、いかなる形であれ戦争に加担することを余儀なくされた若者たち、その青春を奪い取られた怨念を燻《くすぶ》らせながら、戦後体制を支えていった人々を、ここでは念頭に置いている。

たとえば、鶴見俊輔（一九二二年生まれ）は、留学先のアメリカ合衆国から日米交換船で帰国直後、海軍軍属に志願してジャワに赴任した。戦後は、「声なき声の会」や「べ平連（ベトナムに平和を！市民連合）」等の市民運動を通して、民主主義と平和主義を戦後日本に根づかせるべく格闘、尽力した哲学者、思想家と一般に見なされている。しかし、いっぽうで彼は、外から与えられただけの思想を「平ったい」としてむしろこれを排し、そのルーツを日本の歴史のなかに、人々の暮しのなかに見いだそうともした。自衛隊に決起を迫って自決した三島由紀夫（一九二五年生まれ）に対する共感を隠さなかったことをもってしても、戦後の民主主義や平和主義に容易に与しない気概をもっていたことが窺える（高草木、二〇二三、一一七頁）。

私の父（一九二五年生まれ）は、わずかな期間とはいえ、徴兵されて陸軍に入った。戦後は謹厳実直な銀行員として組織や社会に順応した人生を送った。ところが、二〇一五年に亡くなって遺品を整理すると、蔵書のなかから『天よ、我に仕事を与えよ』（田畑書店、一九七八年）という奥平剛士の遺稿集が見つかった。ここかしこに熱心に読んでいた跡があった。奥平は日本赤軍の最高幹部の一人で、一九七二年五月三〇日、イスラエルのテルアビブ空港で、仲間二人とともに銃乱射事件を起こした人物である。父の同世代がおそらく共通にもっていた、戦後の民主主義や平和主義に対する秘めたる不信の念は、日本赤軍の過激さとどこかで一脈通じるものがあったのだろうか。

本書は、亀島貞夫（一九二二年生まれ）という、世間的にはまったく無名の人物の評伝という形をとっている。彼は、まさに学徒兵として陸軍に入隊し、その体験を基に戦後『近代文学』同人として小説や評論を発表した。作家としては大成しなかったが、戦中との緊張関係のなかで戦後のあり方を模索し、さまざまな矛盾を抱えながらユニークな生涯を送った人物である。たとえば、絶対平和主義に依拠しながら絶対平和主義を撃つという葛藤、こうした戦後への愛着と違和感のせめぎ合いを、その生涯を辿りながら解き明かすことを本書の眼目とした。太宰治、中野重治、野間宏、安部公房等、周辺の作家たちに目配りしながらも、亀島の身体の内に潜り込むようにして、一人の人物の「評伝」として仕立てた。

亀島の思想が考察に値する豊かさと魅力をもっていることは確かだとしても、彼を取り上げた技術的な理由としては、一次資料を比較的身近から集められたことが挙げられ、その意味では、本書はケーススタディ的な意味合いももっている。亀島の周りには、それぞれ真摯に時代と向き合い、苦悶した多くの無名の同世代の人々がいたはずである。戦後八〇年、敗戦当時二〇歳だった青年は、生きていれば一〇〇歳、その生の声を直接聞くことはもうほとんど不可能になっている。亀島に限らず、彼らの遺した思考の断片からその問題意識を再構成し、もってこの八〇年間を振り返ることは、われわれの現在地を知るうえでも意味をもつだろう。著者としては、本書で描いた亀島のユニークさが、広く同世代につながる普遍性をも帯びていることを信じたい。

書かれざる戦後思想——元学徒兵・亀島貞夫の躓きと希望◆目次

序章

亀島貞夫との関わり

私が卒業した群馬県立前橋高校の国語教師に亀島貞夫（一九二一―二〇〇七）という人がいた。その人を誰もが別格扱いにしていて、ときに「亀島天皇」のように揶揄《やゆ》されることもあった。入学したての高校生たちを驚かせたのは、その風貌や授業内容などよりも、まずは、どこからともなく伝わってくるその経歴だった。

日本文学史を繙けば、戦後文学の項には必ず『近代文学』（一九四六年一月創刊）*という雑誌が大きく取り上げられている。そこには、戦後文学の担い手のほとんどが参加していた。創刊時の同人は、荒正人、平野謙、本多秋五、埴谷雄高、山室静、佐々木基一、小田切秀雄の七名、その後の同人拡大で、花田清輝、大西巨人、野間宏、福永武彦、加藤周一、中村真一郎、安部公房、梅崎春生、椎名麟三、関根弘、島尾敏雄、武田泰淳、原民喜、福田恆存、日高六郎、三島由紀夫らが加入している。小田切は去ったが、最終的に総勢三二名の大所帯となった（伊藤成彦、一九八一、二八頁）。

＊『近代文学』創刊号の奥付では、発行日は一九四六年一月一〇日となっているが、本多秋五によれば、一九四五年の年末には、すでに書店の棚に並べられていた〔本多、一九六六、五四頁〕。

高校生であっても、そうした名前は当然のごとく知っていた。同人のなかには世間に馴染みの薄い人たちも数人混ざっていたが、彼らはたいてい外国文学者で、翻訳書を出し、大学教授を務めている人たちだった。公刊著作のない人物は、亀島貞夫と原通久の二名だけである。それでも原の場合は、遺稿集『鶴唳記』（一九八四年）が死の翌年に刊行されて、埴谷雄高が「序」を書き、亀島も「追悼」を寄せている。

　そうすると、『近代文学』が第二次同人拡大で、急遽一八名という大量の増員をした際に、リストにあった亀島の名前は誤って「消し残されていた」〔原通久、一九七七、二二四頁〕と考えるべきなのか。錚々たる顔ぶれのなかにあって、亀島は片隅で縮こまっていたのか、というと実はそうではない。後で詳しく述べるように、野間宏らとは堂々と渡り合っているし、厳しい同人批判も行なっていて、なかなかの存在感を示していたのではないかと推測される。

　『近代文学』の創刊時同人でもあった本多秋五は、『神聖喜劇』〔全五巻、光文社、一九七八―八〇年〕の大西巨人と亀島とのあいだには共通点があると言う。「切れる頭、烈しい気象〔ママ〕、理論上のリゴリストでまた理論上の理想主義者、他面、青年らしい……現実主義、それゆえにもつ悪漢たることの潜在的可能性、なによりも……倨傲《きょごう》な自我」〔本多、一九七一、二七九頁〕である。亀島は晩年に至るまで、自分が書いたものを大西に送り、交遊関係を保っていたという。

一九二一年大阪生まれ。旧制第六高等学校（岡山）を経て、一九四四年九月に東京帝国大学文学部国文学科を卒業。「学士試験合格証明書」*（卒業証明書）には、確かに「昭和十九年九月本学部国文学科学士試験ニ合格セシモノナルコトヲ証明ス」とはあるが、その前年一九四三年一二月に学徒動員で陸軍に入隊している。一九四三年の「学徒出陣」時に最終学年に在籍していた者は、翌一九四四年九月の「繰上卒業」が認められたために、亀島も軍隊に身を置きながら大学卒業の資格を得た。一見「恩情」のように見える措置だったが、この「繰上卒業」＝「仮卒」は、学業継続の意思をもっていた者にとっては、復学期間を置いてから戦後社会にソフトランディングするという軌道から外されることを意味した。「戦後の混乱のなかにあって、復員してきたこの「仮卒」組は、ヤミ屋やブローカーもどきの仕事に糊口をしのぎながら、悪戦苦闘せねばならなかった」（安田、一九七三、一二三頁）と言われている。亀島は、シンガポール沖、レムパン（Rempang）島での捕虜生活を経て、一九四六年六月に帰国、召集解除となるが、とりあえず戻るべき場所は用意されていなかった。

＊　この資料は、島田高志氏が亀島夫人から預かったものである。

文学青年は、『赤門文学』や『近代文学』誌上に小説を発表することに生きる道を求めた。処女作は、『赤門文学』（一九四八年六月）に載せた「白日の記録」である。その後発表した小説も、その延長線上にあり、軍隊体験に基づく戦争文学と言ってよい。一九五〇年の「第一回戦後文学賞」は、島尾敏雄「出孤島記」が受賞しているが、その候補作には、三島由紀夫『仮面の告白』、安部公房「デンドロカカリヤ」、武田泰淳「夜の虹」、原民喜「鎮魂歌」などと並んで、亀島の「白日の記録」が挙げられている。

処女作を発表する以前の一九四七年、亀島は、東京大学教授・出《いで》隆の紹介で八雲書店に入り、編集者として太宰治や中野重治らを担当していた（亀島、一九七七、九一頁／中村、二〇〇八、上巻、三三七頁）。八雲書店は、当時は文芸書を中心とする大手の出版社だったが、それが倒産すると、亀島は一九五一年四月、縁もゆかりもない群馬県の県立伊勢崎高校に国語教師として赴任する。作家であることを諦めて高校教師になったわけではなく、その後も『近代文学』誌上に創作や評論を寄せている。

高校国語教師という生業《なりわい》は、文学部国文学科卒の亀島にとってそれなりに折り合いのつくものではなかったかと思われる。たとえば、同じく『近代文学』同人でもあり、八雲書店の編集者でもあった九歳年長の久保田正文は、東京帝国大学文学部美学美術史学科という亀島と同じように潰しの効かない学科を卒業して、戦中は、福井県・私立北陸中学校、長野県立伊奈農業学校、東京・私立山水高等女学校（桐朋学園の前身）で教鞭をとっていた（久保田、二〇〇九、五八四-五八五頁）。ただし、久保田の場合には、その後『評伝石川啄木』（実業之日本社、一九五九年）、『正岡子規』（吉川弘文館、一九六七年）、『昭和文学史論』（講談社、一九八五年）等を次々に公刊して文芸評論家としての確固たる地位を築いていく。

亀島は、レムパン島での捕虜生活を題材にした「島」を一九五三年から五四年にかけて、二回に分けて『近代文学』誌上に発表したのを最後に、事実上創作の筆を折っている。その後、評論家的な立場で、あるいは高校教師の立場で評論やエッセイを書くことはあったが、いずれも私家版であったり、地方の小さな雑誌への寄稿であったりした。輝かしい未来を嘱望されていたであろう『近代文学』の時代を思うと、寂寞《じゃくまく》の感は否めない。*

＊ 亀島の薫陶を受けた前橋高校卒業生たちの同人誌『文化同盟』に、亀島も創作を寄せている。『潮流』一九四九年四月号、五月号に掲載した「芳蘭伝説」を書き直した同名の小説や、一九五四年に起きた「伊勢崎高校事件」を題材にした「事件」等である〔亀島、一九七二a／b／c〕。これらの作品の内容については後述するが、ごく内輪の同人誌への寄稿でもあり、亀島が新境地の下で再び創作の筆をとった、とまでは言い難いと思われる。

なぜ、亀島は創作の筆を折ってしまったのか。それは、高校生だった私には、発してはいけない問いのように思えた。思えば、当時の前橋高校には、高校生から見ても田舎の高校教師には似つかわしくないと思える人たちがいた。彼ら自身が、職員室の机や椅子に居心地の悪さを醸し出しているようにも見えた。おそらくは、彼らをありうべき栄光の道から引きずり下ろしたのは、戦争であったり、結核であったりしたのだろう。あるいは、そうしたことに紛れた怠惰であったり、非才であったりしたのかもしれない。どのような答えがあるにしろ、問うたら最後、教師と生徒という関係がもはや維持できなくなるのではないかという怖れをもった。

私は、実は亀島の薫陶を受けたことはない。授業を受けたことがないだけでなく、校内で遠くから姿を見かけるくらいで、直接話したこともなかった。ただ、「亀島天皇」が昼休みに保健室で弁当を食べているという噂を聞いて、保健の先生というよりは、小柄な老婆に直接確かめてみたことがある。老婆は、「高草木、帰る」という、動詞の終止形ないし連体形によって「命令」を表現する威厳ある話法でもって、生徒たちとは一定の距離を置いている方ではあったが、ときたま強い老眼鏡を通して見せる笑顔には、おしゃまな印象もあった。そのときはだいぶ機嫌がよかったようで、問いに直接答えることなく、「亀島先生も、あんたたちと同じ、甘えん坊よ」と微妙な「真実」を打ち明けてくれた。

当時、高校生の目には老婆としか映らなかったが、定年が六〇歳であることを考えれば、彼女はまだ五〇歳代であったはずだ。前橋高等学校『同窓会員名簿』で確認したところ、職位は「養護教諭」とあり、一九四八年一二月から一九七五年四月まで三〇年近くも勤務している。定年までこの高校で働いたということだろう。戦後、一家を支えるために「職業婦人」として働き、「婚期を逸する」ことになったというのが専らの風評だった。おそらく亀島よりも六歳年長だろう。因みに亀島は、前橋高校には一九五九年三月から一九七三年三月までの勤務となっている。私が入学したのは一九七二年四月だから、一年しか重なっていない。

コピーライターの糸井重里や映画監督の小栗康平は、亀島から影響を受けた人物として知られるが、亀島と私の接点らしきものは、いわゆる「校内実力テスト」で亀島が出題したと噂された問題についてだけである。ほんとうに亀島の出題であったかどうか今となっては確かめる手段もないが、私の記憶では、高校一年冬の「現代国語」の実力テストで、白樺派を含む文学史についての文章を読んで、設問に答えるという形式だったと思う。「ヒューマニズム」は「○○主義」であるか、漢字二文字で答えよ。私は、「人間主義」と答えた。配点は二点。正解は「人道主義」だった。私の解答には一点が与えられた。

当時の私の頭にあったのは、サルトル『実存主義とは何か』（人文書院）だったと思う。そのサブタイトルは「実存主義はヒューマニズムである」だった。* この「ヒューマニズム」を多分に感傷的な響きをもつ「人道主義」と訳すわけにはいかない。もう少し硬質な「人間主義」のほうが相応しいだろうと考えた（白井健三郎、一九六八、一四頁）。一九七〇年代には、サルトルは中・高校生にも比較的身近な存在であり、中学二年生のときに、『革命か反抗か——カミュ＝サルトル論争』（新潮文庫）を同級生の女子から「まだ読んでいなかったら、どうぞ」と渡されたこともある。

＊　原著のタイトル〈L'Existentialisme est un humanisme〉が邦訳のサブタイトルになっている。

ともあれ、五〇年以上前の出来事だが、いまだにこの採点に納得がいかない思いを引きずっている。白樺派にとってのヒューマニズムは「人道主義」かもしれないが、ヒューマニズム一般が「人道主義」なのだろうか。ヒューマニズムが、人間以外の存在、「神」や「獣」に対する区別や差別を含んでいるという点を考慮すれば、「人間主義」のほうがむしろ原義に適うのではないか。白樺派のヒューマニズム理解の特殊性、一面性を問うというのであれば、高校一年生には無理、というより出題そのものに無理がある。

ヒューマニズムとは何かということは、私自身がその後大学・大学院で「社会思想史」を専攻するようになってからも離れがたい命題となったが、その後、亀島貞夫のことはすっかり忘れていた。二〇〇七年に亡くなったことも耳に入ってこなかった。

鶴見俊輔から亀島貞夫へ

ところが、『鶴見俊輔　混沌の哲学――アカデミズムを越えて』(岩波書店、二〇二三年)を刊行すべく鶴見俊輔の著作とその周辺を調べているうちに、思いがけずも、何度か亀島の名前と出会うことになった。

鶴見は、『戦後思想三話』(ミネルヴァ書房、一九八一年)の第二部「転向の遺産」のなかの「一回性への執着」で、亀島の「「戦後文学の党派性」管見」(一九七七年)という論説を扱っている。若き日の亀島が埴谷雄高を訪ねた折、亀島の処女作「白日の記録」の感想として、埴谷から「あなたたちには、私が見たという、それが何より強く、絶対に譲れぬものとしてあるんだな」と言われた。「幾らか当惑した、幾らか同情する、明らかに異質のものに対する、眼・表情がそこにあった」(亀島、一九七七、八八頁/鶴見、一九八一、六八頁)という箇所が引用され、紹介されている。軍隊体験のない埴谷と自身の戦場体験を文学の核とする亀島との相違点が明らかになっている部分である。*

＊　亀島は、埴谷雄高『死霊』（真善美社、一九四八年）の書評を『三田文学』に載せている（亀島、一九四八c）。

鶴見は、すでに久野収・藤田省三との共著『戦後日本の思想』（勁草書房、一九六六年）のなかで、『近代文学』誌に論及している。埴谷をはじめ創刊時同人七名は、「誰一人として戦争体験がない」（久野・鶴見・藤田、二〇一〇、五頁）。だからこそ、彼らは「戦争中にすでに終戦時の思想状況を先取り」（同書、四頁）することができた、という指摘である。『近代文学』の創刊時同人たちは、翼賛運動に参加せず、かと言って反対を表明もせず、「非政治的な立場」で、「終戦がこのような形でくることを待ち望んでいたから、全く傷がない。戦争が終わると同時に第二の青春をうたえるのは当然で、第二の青春というより、むしろ月満ちて生れた」（同書、一二頁）。その『近代文学』が創刊された一九四六年一月、亀島はシンガポールの南約六〇キロの小島にあって、「恐るべき飢餓状態より辛うじて脱しえたとはいえ、たとえば、両脚の脛は熱帯潰瘍のため糜爛《びらん》し、ために脛骨の一部が赤くただれた肉の下に見えるという、栄養失調顕著な俘虜」（亀島、一九七七、八〇頁）だった。その過酷な体験が、普遍的な「経験」に還元されることを、亀島は拒絶する。まさに「一回性への執着」である。

　鶴見は一九二二年生まれで、亀島より一歳年下の同年代であり、海軍軍属としてジャワに赴任した経験をもつ。亀島の立場に理解を示しつつ、その「一回性への執着」がもつ可能性へと論を展開していく。亀島自身は、その「執着」が「排他的で、封鎖的で、従って偏狭である。

そこで、窓をもたぬモナドは、必然的に、不寛容となり、当然、寛容な一切に対し、攻撃的な不信感をもつ」〔同書、八八頁〕と挑戦的な態度を崩さないのに対して、鶴見は、言わば「体験」と「経験」の融和を語る。「固執しながらそのなかから他人との共通の問題をつかみだしうるという心の用意をもつこともできる」、「それが一回性であるゆえにそのなかから無限に共通のものをいくらでもだしてくる、共通の土俵にだしてくる。そのことによって嚢中《のうちゅう》のものは尽きることがない。そのようなものとして体験をとらえることは可能」〔鶴見、一九八一、六九-七〇頁〕だと言う。

体系化され、完成された思想や理念をそのまま受容したところで「平ったい」理解しかえられない。私的な根を掘り下げることを通して公共性を、ローカルな日常性の実践を通して普遍性をはじめて獲得することができるという鶴見に特有の認識が、ここにも現われている〔高草木、二〇二三、四頁〕。逆に言えば、亀島が軍隊体験という「一回性」に固執することを通して、それを他者の魂を揺さぶる「文学」にまで結晶化できるかどうかが問われていたことになる。

もう一つ、鶴見との関連で言えば、亀島は意外なことに、草津のハンセン病施設・栗生楽泉園と関係をもっていた。鶴見とハンセン病との関わりについては、『鶴見俊輔　混沌の哲学』第二章で詳述したが、栗生楽泉園では、詩人の大江満雄の肝煎りにより、一九五三年三月二六日から一九五八年一〇月二八日までの約五年半のあいだ、延べ八四人の講師による「教養講座」が開催された。大江からハンセン病問題に導かれた鶴見俊輔も講師を務めている。この

「教養講座」は、短期で終わったとはいえ、大江の「ライはアジアを結《むすび》ぶ」という理念の出発点となった。鶴見に嚮導されて、同志社大学の学生たちが一九六〇年代につくった奈良のハンセン病回復者施設「交流の家」を、大江は楽泉園「教養講座」から「アジア（病）大学」構想へとつなぐものとして期待していた。この「アジア（病）大学」構想は、タゴールがノーベル文学賞の賞金を基にインド・サンティニケタン（Santiniketan）に設立した「タゴール国際大学」を模した壮大なものだった（高草木、二〇二三、一一八頁）。

その「教養講座」の講師のうち、判沢弘や佐藤忠男、針生一郎等は、「鶴見系」と言うべきか、鶴見が事実上の編集主幹を務めた『思想の科学』誌に近い人物である。『近代文学』同人の山室静、大西巨人もいる。そうした著名なメンバーに混ざって、亀島が二回、一九五七年二月一〇日に「誰が文学の担い手」、一九五八年八月一六日に「日本史について」というテーマで講演を行なっている（栗生楽泉園、一九八二、三八五–三八六頁）。当時、亀島はすでに伊勢崎高校に在任していた。

「誰が文学の担い手」というテーマはいいとして、「日本史について」は亀島のテーマとしてはどうだろう。講義録は残っていないとのことなので、講義テーマも果たしてそのとおりだったかはわからない。楽泉園に残された資料では、亀島の肩書は「教授」となっている。亀島は高校教員であったし、当時はまだ三〇歳代で一般に「教授」になる年齢でもない。演目も含めて、おそらくは記録そのものが杜撰であった可能性が高い。

亀島がどの筋から選ばれたのかもわからない。楽泉園によれば、謝金は「交通費をやや上回る程度」であり、県内と県外では謝金に差をつけざるをえなかったと言う。そのためか、群馬県郷土史家の萩原進、群馬大学学芸学部の徳江健（政治学）、市川為雄（国文学）、山田桂三（哲学）等がちらほら混ざっていた。

亀島の楽泉園との関わりは、二回の講演には留まらなかった。栗生楽泉園文化部発行の『高原』誌では、「創作」部門の選者を務めている。一九六〇年三月号には、「京の夢・大坂の夢——一つの試論」という講演録が掲載された。「教養講座」が終了した後のことである。一九五九年一〇月一六日という日付をもつこの講演録の内容は、「京の夢・大坂の夢」という表題からは推察できない。* 表題についての説明も、一切語られていない。内容に相応しいテーマを仮に付けるとすれば、「小説の未来と本質」とでもなるだろうか。現在、全盛を迎えているかに見える「小説」というジャンルの未来はどうなるのか、と問題が設定されている。一方における「映画・ラジオ・TV」等の視聴覚文化、他方における「ノン・フイクションという事実尊重の直截的方法」〔亀島、一九六〇、三三頁〕の狭間で次第にその存在意義を減じて、衰退していくという予測が立てられる。しかし、そのうえで、小説というジャンルは消滅することはないと付言されている。「魂の記録」としての役割は終わることがありえない、という主張である。

＊ 因みに、「京の夢大坂の夢」は、夢の話をする前に唱えた言葉とされるが、意味ははっきりしない。谷崎

潤一郎『京の夢大阪の夢』（日本交通公社出版部、一九五〇年）や、山下肇『京の夢大坂の夢』（編集工房ノア、一九八七年）等、著作のタイトルにも使われている。

「それは、書き手が、殆んどはただ書き手自身の内なる要求によつてのみ生みだすもの、殆んどは全く読み手の思惑からは無縁なもの、そのために決して多くの読者を期待したり、まして喝采を予想せぬもの、時代の正面に立つて脚光を浴びる代りに、人生の片隅で、小さな、しかし、彼自身にとつてはこの上なく重要である、魂＝精神の訴え、ささやきとして、それは書かれて行くだろうと思われます。」（亀島、一九六〇、三七頁）

『高原』誌「創作」部門の選者として、「いかに小説を書くのか」という初心者が抱くであろう方法論的な問いに対して、本質論でもって応え、結果として、彼らの創作意欲を鼓舞する仕立てになっている。当然その「本質論」は亀島自身にも突き刺さってくる。すでに創作の筆を折っていたと思われる時期においても、亀島はおそらく「魂の記録」への思いを捨て去っていたわけではなかった。

本書の主題

亀島貞夫はなぜ創作の筆を折ったのか。五〇年以上前に封印していた問いが再び頭をもたげてきた。しかし、今度は単なる好奇心からではない。亀島がなぜ書けなかったのか、つまりは何を書こうとしていたのかを探ることは、日本の戦後思想を考えるうえで意味をもつのではないかと思えたのである。鶴見俊輔が、戦後外側から与えられた「民主主義」や「平和主義」に満足せず、日本人の日常的な営みのなかからその二つを紡ぎ出そうとしたように、亀島もまた、自身の戦争体験に基づいた戦後を構想しようとしていたのではないか。海軍軍属だった鶴見に比べて、戦場の現場を潜《くぐ》り抜けてきた亀島には、それだけ強烈な、戦後に向けて書くべき何かがあったのではないか。書けなかったこと、作家業が頓挫したことにはそれなりの理由があったろう。しかし、そうした個人的事情の背後にあるはずのもの、つまりは亀島が構想していた「戦後」を解き明かしてみたくなった。戦後八〇年が経って、とりわけその「民主主義」や「平和主義」の意義が問い直されている現在をも照射するものでありうるのではないかという期待もあった。

それは、亀島個人にとって、田舎の高校教師としての日々が、退屈な「余生」であったのか、という問いにつながる。作家としての夢が破れたことは確かだとしても、落武者のように田舎の高校に入り込み、そこでルーティンをこなしながら、ありえたはずの過去の「栄光」にすがって生きていたわけではないだろう。

亀島には公刊された著作が一冊もなかったとはいえ、講演録等の私家版の著作は四〇冊を越えるほどもあり、それらの刊行は、彼を「人生の教師」として慕うかつての教え子たちの援助・協力によるものだった。亀島は、型破りのパワーで自ら新しい教師像をつくりあげていったように思える。「教育」に携わることに、「戦後」の希望を見ていたのかもしれなかった。

本書は三章に分かれる。第一章では、未完の小説〈白日の記録〉*の構造と主題を分析することを通して、亀島が構想していたこと、そして書きえなかったことを考察する。第二章では、亀島が「絶対平和主義」の立場をとりながらも、憲法九条に依拠するような「絶対平和主義」に安易に与しようとしなかった、その論理構造を分析する。第三章では、「道化＝トリックスター」等の概念を用いて、教育者としての亀島の理念がその文学観とどのように関連していたかを考察する。

* 亀島は、「白日の記録」を二重の意味で使っている。「白日の記録」（『赤門文学』一号、一九四八年）を指す場合が一つ。また、「白日の記録」以降の「白日の彩色《いろどり》」（『近代文学』四巻二号、一九四九年）、「芳蘭伝説」（『潮流』四巻四号、五号、一九四九年）、「驢馬《ろば》の列——白日の記録」（『近代文学』四巻一一号、一九四九年）、「時は停り……——白日の記録」（『近代文学』五巻一号、一九五〇年）、「島」（『近代文学』八巻一一号、九巻一号、一九五三-五四年）は、すべて「白日の記録」という長編小説の一部として構想されている。単発の「白日の記録」を指す場合には、そのまま「白日の記録」とし、未刊の長編として構想された「白日の記録」全体を指す場合には、〈白日の記録〉と表記する。

第一章　軍隊体験と戦後文学

第一節　新進作家の軍隊観

座談会の人選

『丸山眞男　座談』（岩波書店）第一冊に、「日本の軍隊を衝く」（『知性』二巻五号、一九四九年）という座談会が収録されている。丸山の司会で、野間宏、大岡昇平、亀島貞夫の三人が「作家」として登場する。因みに、雑誌掲載時の年齢は、丸山・三五歳、野間・三四歳、大岡・四〇歳、亀島・二八歳である。現在の目で見ると、無名の亀島に比して他の三人がビッグネームであることに違和感を覚えもするが、座談会が開かれた一九四九年時点では、その人選に奇異な印象はなかったのだろう。野間は、軍隊内部の異常な空間を描いた代表作『真空地帯』（河出書房、一九五二年）をまだ書いてはいない。座談会の初出『知性』の末尾に編集部が掲げた関連論文・創作としては、『暗い絵』（一九四六年）所収の「顔の中の赤い月」が記されている。ともあれ、『崩壊感覚』（一九四八年）も含めて、青年作家として将来を嘱望されていたことは間違いない。大岡のほうは、すでに代表作の一つ『俘虜記』（創元社、一九四八年）で横光利一賞を受賞している。早くも大家の片鱗を見せていた時期である。「戦争文学」という観点から、野間宏と大岡昇平の二人を代表的な作家として選んだことは、現在の目から見ても狂いのないところである。

将来の巨匠二人に比して、亀島の人選はどうであったのか。この時点で、亀島が発表したのは、「白日の記録」（『赤門文学』）、「白日の彩色」（『近代文学』）、「芳蘭伝説」（『潮流』）とごく僅かであるが、「白日の記録」が「戦後文学賞」にノミネートされたように、おそらくこの時期が作家としての「絶頂期」にあった。実際に座談会では、大岡や野間を向こうに廻して、戦争や軍隊について一家言ある新進気鋭の作家として存在感を示している。

この座談会が設けられたのは、日本国憲法の施行（一九四七年五月三日）から二年ほどしか経っていないときである。敗戦によって大日本帝国軍隊は解体され、憲法九条によって、戦争放棄と戦力の不保持、交戦権の否認が謳われた。大日本帝国下の旧軍隊が否定されただけではなく、軍隊そのものが否定されるというドラスティックな改革が行なわれた。あたかも軍隊はいかなるものでも許されないという「絶対平和主義」の信奉によって、逆に、日本の旧軍隊の何が問題であったのかが見え難くなってしまっていた。

軍隊経験もある丸山としては（黒川、二〇二四、八七–一〇一頁）、大日本帝国の軍隊がどのような性格をもつものであったのかを総括する必要を感じていたのだろう。座談会の冒頭でデリッスル・バーンズ『戦争と変わりゆく文明 *War and a Changing Civilisation*』（一九三四年）を紹介しながら、趣旨説明を行っている。丸山は、「ミリタリズム、あるいは軍隊組織、少くとも近代国家の軍隊組織」（丸山、一九九八、一六七頁）一般について理解することが「日本の軍隊」の特色を浮き彫りにすると考える。バーンズの考える「ミリタリズム」とは、「戦争ないしは戦争への準備ということを、外交の主な手段とし、公務の最高形態であると考えるところの態度」であり、そこから「個人の国家への献身」、「勇気、冒険的な精神、人あるいは目的に対する忠誠」、「肉体的な強靱さ」、「耐忍の精神の讃美」、さらには商工業などの「職業への蔑視」という特色が生まれる。

丸山の問題意識をもう少し敷衍すると、同年に行なわれた、飯塚浩二・豊崎昌二との座談会「日本思想における軍隊の役割」（『思想の科学』五巻一号、一九四九年）において、国民皆兵に基づく日本の軍隊は、天皇大権下の組織であるとはいえ、「疑似デモクラティック」な基礎をもっていたことを認めている。犬養内閣で陸軍大臣を務め、陸軍大将にまで上りつめた荒木貞夫は、『皇国の軍人精神』（朝風社、一九三三年）において、一八七三年の徴兵令で、「従来の特権的、職業的軍隊が裁撤せられ、四民平等一如となる」（荒木、一九三三、一六頁）ことにより、「軍隊の階級は軍構成上より来《きた》れる秩序の上に立てるもので社会上の階級と何らの関係がない」（同書、三六頁）と日本の軍隊の特色を掲げる。現実に、軍隊内では「華族のお坊っちゃんが、土方の上等兵にビンタを喰っている」場面も見られた（丸山、一九九八、二六〇頁）。また、『日本の軍隊』（東大協同組合出版部、一九五〇年）の著者である飯塚浩二も、農村の人々にとって、兵営生活が「なんらかの新しい近代的なものを身につけるチャンス」（同書、二五五頁）であったという面を指摘する。軍隊用語で「地方」は、軍隊外の一般生活を指し、また軍人以外は「地方人」と呼ばれた（日本戦没学生記念会、一九八八、一八二頁）。つまり、軍隊は特殊社会でありながら、そこには、「地方」の対極にある「普遍性」や「先進性」が付与されていたことになる。

丸山や飯塚の問題意識は、清水幾太郎の「私達は兵隊だ」という発想と表裏一体の関係にある。清水は、「兵隊は各国の文化及び思想のインデックス」であるとして、戦後の日本が劇的な変化を遂げたように見えても、「われわれは依然として兵隊であり、兵隊のうちに集中的に表現せられていた原理と方法とに頼って今日なお生きている」〔清水幾太郎、一九四九、三六頁〕と語る。*旧日本軍の残滓が戦後日本に蔓延《はびこ》っているという意味で、軍隊の徹底的な検証を経ずして戦後を直視することはできない、という意である。軍隊のなかに「近代」や「デモクラシー」の要素を見いだそうとするのも、戦後社会のなかに軍隊の残滓を見分けようとするのも、戦中と戦後を連続的に捉えようとする点では共通している。

＊　清水自身は、一九四二年に陸軍に徴用され、ビルマ・ラングーン〔現在のヤンゴン〕に派遣されるが、宣伝班で『陣中新聞』の編輯という任務を与えられたものの、実際には「仕事らしい仕事はしていない」〔清水幾太郎、一九九三、三三一頁〕。

この二つの座談会が行なわれた一九四九年の翌一九五〇年には、朝鮮戦争を背景にして、警察予備隊が設立され、これが自衛隊へと発展していく。一九四五年から四九年までのほんの短い期間が、軍隊なき「絶対平和主義」の時代だった。そして、亀島の作家としての活動は、一九四八年から四九年にかけて集中している。

野間宏、大岡昇平との対立軸

この『知性』座談会が、丸山が冒頭で嚮導しようとした方向に向かったかどうか、つまり日本の軍隊の特徴を歴史的に捉えることに成功したかと言えば、三人の作家の個人的な体験に依拠しすぎたために、なかなか一般論へと向かわなかったきらいはある。しかし、亀島について言えば、重要な論点が少なくとも二つあった。

一つは、「私的制裁」に関して。大岡は、私的制裁は「訓練によって強力な軍隊を造る必要が切実な時に現われる」として、私的制裁を必要悪とする意見を述べ、野間もそれに同調する。大岡は、その実体験から「刑罰がないとこわくないので、兵隊がピンとしません」と言い、野間は、「確かにぼくなんか私的制裁で鍛え（?）られてきた兵隊なんです」と言う。「私的制裁」は、陸軍省が「私的制裁絶滅ニ関スル件通牒」（一九四一年）を発出する等で禁じてはいたが、実態としてはその後も慣例化していた〔弓削、二〇〇七、五七-五八頁〕。この座談会でも、その是非を問題にすることなく、実際の効果が議論の対象となっている。亀島は、自分の所属していた部隊が学徒兵で構成されていたという特殊性を認めたうえで、しかし「一番私的制裁を受けてなかったぼく達の第一機関銃中隊が最も成績がよかった」と主張する。「教育の方法を合理化した方がどんな場合にでも成果が挙るのじゃないか。私的制裁で軍隊が能率的になるということは、絶対にウソだとおもいますがね」と、大岡、野間の説を真っ向から否定した〔丸山、一九九八、一七四-一七五頁〕。大岡も野間も、理念ではなく、自身の軍隊体験を語っているだけなので、これを「ウソ」と断言するのは、二人に対する人格否定にもつながりかねない。恐るべき鼻っ柱である。ここまで亀島が突っ張るのも、軍隊生活によって裏付けられる「教育観」に譲れないものがあったのだろう*（第三章参照）。

＊　因みに後年、亀島は、「われわれの戦後がもった優れた文学者・作家」として、大江健三郎とともに、野間宏の名前を挙げている（亀島、一九八一、四二頁）。また、「野間宏は、正に「戦後」の人格的表現である」、「小説を書くために生まれてきたといえよう大きな才能の分厚い人間に、私の乏しいオプティミスムを賭ける」（亀島、一九七〇、一頁、三頁）とまで述べている。

もう一つは「残虐行為」についてである。座談会と同じ一九四九年に心理学者の宮城音弥が「日本兵は何故残虐か」という論考を『思想の科学』（五巻一号、一九四九年）に寄せている。ただし、表題から予想される「日本兵の特殊な残虐性」を特段扱っているわけではなく、残虐行為の起こる一般的メカニズムを考察しているだけである。モチーフとして、「フィリピンや中国における数々の事件」等、「否定し得ぬ事実」としての日本兵の外地での残虐行為、さらに「吉村隊事件*」のような日本兵同士のあいだで起こった残虐行為が挙げられている。

＊　一九四九年三月一五日の『朝日新聞』で、「同胞虐殺の「吉村隊長」」「生身のまゝ冷凍人間」「鬼畜！リンチの数々」等の見出しで報道され、大きな話題となった。「暁に祈る事件」とも呼ばれる。丸山司会の『知性』座談会でも言及されている。

朝日新聞の報道によれば、一九四五年末から二年間、モンゴル・ウランバートルの日本人捕虜収容所で、

「吉村隊長」こと池田重善が部下三〇人をリンチにより殺害したとされたが、最高裁は、一九五八年三月、一名の隊員に対する「遺棄致死罪」等で懲役三年の判決を言い渡した。池田はこれを不服とし、再審請求を行ない、手記『活字の私刑台』（青峰社、一九八六年）を刊行した。これには、ジャーナリストの柳田邦夫の詳しい解説が併録されている。その後、朝日新聞編集委員の佐藤悠が事件の検証を行なっている〔佐藤悠、一九九一〕。この事件に対して立場・見解の相違はあるにせよ、朝日新聞の報道に大きな問題点があったことは間違いない。

この座談会においては、後に『レイテ戦記』（全三巻、中央公論社、一九七一年）を書くことになる大岡が、「日本兵の残虐性」を提起している。「広い地域を少数の者で守っているため周りのものがみな敵に見えてくる、ということから残虐性が初めは起り、その習慣がだんだん重なってきて、敗軍と共に増進した」〔丸山、一九九八、一七八頁〕という仮説が立てられる。永井隆が出版したばかりの『長崎の鐘』（日比谷出版社、一九四九年）に併載された連合軍総司令部諜報課編「マニラの悲劇」に大岡は言及し、その衝撃を語っている。ここには、一九四五年二月に日本軍によって「マニラ市に加えられた無差別的破壊」〔連合軍、一九九一、一〇七頁〕の資料が詳細に収められていた。*

＊　ＧＨＱのプレスコード下では、原爆被害の実態は日本軍による加害の報告と抱き合わせでなければ刊行できなかった〔高橋眞司、二〇〇四、一〇三頁〕。

実は、司会を務めた丸山は、日本軍の残虐行為について格別の関心をもっていた。丸山の名を一躍有名にした「超国家主義の論理と心理」（『世界』一九四六年五月号）において、次のようにその心理的メカニズムを説明している。

「今次の戦争に於ける、中国や比律賓《フィリピン》での日本軍の暴虐な振舞についても、その責任の所在はともかく、直接の下手人は一般兵隊であったという痛ましい事実から眼を蔽ってはならぬ。国内では「卑しい」人民であり、営内では二等兵でも、一たび外地に赴けば、皇軍として究極的価値と連なる事によって限りなき優越的地位に立つ。市民生活に於て、また軍隊生活に於て、圧迫を移譲すべき場所を持たない大衆が、一たび優越的地位に立つとき、己れにのしかかっていた全重圧から一挙に解放されんとする爆発的な衝動に駆り立てられたのは怪しむに足りない。彼らの蛮行はそうした乱舞の悲しい記念碑ではなかったか。」〔傍点は原文。丸山、一九九五a、三三―三四頁〕

これに対して、吉本隆明がのちに『丸山真男論』（一橋新聞部、一九六三年）において痛烈な批判を加えていることは付言しておいてもよいだろう。「「皇軍として究極的価値と連なる事によつて」一般兵士が残虐をつくしたというようなことは、どんな論理からも在り得ようはずがないのだ。ひとは理念によって残虐であることはできない」〔吉本、二〇一四、二一〇頁〕。

ただ、座談会の参加者、大岡、野間、丸山の三人も、宮城も吉本も、目の当たりにした「日本兵の残虐さ」について語っているわけではない。一人亀島が、自身の戦闘体験に基づく実感を述べている。

「例えばマレイのように日本から随分離れた処におり、戦争はとても勝つ見込みはないということがわかってくる、どうしても生きて帰れそうにない、何《いず》れは玉砕することになる。殺されるものも可哀そうだが、殺すおれ達だって同じように可哀そうなものだ、遅かれ早かれ同じことじゃないか――そういう一種デスペレィトな感じがある。こういう気持ってものは、どうも、ぼくにははっきりわりきってはわからない。何か「暗鬱な衝動」といったようなもの、モラルとか、ヒュウマニティとか、そういうものはどうでもいい、眼の前でどんな残酷なことが行われても、それに対してほとんど無感覚に近く、ただそれをじっと見ているもの、そんなものがあったんじゃないかと思うのです。そして、それがあの想像を絶する残虐行為を生んだのではないでしょうか。」〔丸山、一九九八、一七九頁〕

この亀島の見解に対して、野間が「そういうこと〔残虐行為〕は絶対に出来ないという人間は或る数、しかもかなり多く、ぼくはやはり存在したと思う」と述べると、亀島は即座に「「或る数、しかしかなり少く存在した」と私は思う」と真っ向から反論した。「ほとんどいなかったという意味で少いと思うのです」。

残虐行為を抑制するものは何か、という問いに対しても、亀島は野間と意見を異にする。

「野間さんはインテリジェンスというもので抑制されるといわれますが、非常に率直に言えば、……そういう環境の中で自己を抑制するというのは、インテリジェンスというより勇気だと思うのですが、そういう勇気を持っておったものが非常に少なかった、少なかったというよりもほとんどなかったのじゃないか。〔残虐行為を〕やらなかったのは、そういう勇気のためではなく、……おとなしさだけだったんじゃないか――ぼくはこの点、日本軍隊における日本人に対して非常に悲観的なんですがね。」〔〔〕内は引用者。以下同じ。同書、一八〇頁〕

戦場のただなかにおいて、平時に培われた「インテリジェンス」が何の役に立つのかということも含めて、残虐行為の問題は、一連の〈白日の記録〉の一つの主題であると言ってよい。まさに「想像を絶する残虐行為」が〈白日の記録〉には嫌と言うほど詳細に、生々しく描かれている。

第二節　〈白日の記録〉の主題

戦争と文学

亀島本人が大阪府民生部世話課に提出し、一九六二年二月二六日に受理された軍歴に関する「履歴申立書*」は、当局によって「兵籍簿等照合済」の印が押されている。この正式書類に記載されている軍歴と、〈白日の記録〉シリーズにおける主人公の軍歴とは基本的に一致している。一九四三年一二月の入隊から一九四六年六月の徴兵解除までの軍隊生活を対象にした〈白日の記録〉シリーズは、作品によって、一人称の「僕」が語り手であったり、作者本人に擬せられる「志津堯志」という三人称で書かれたりしているが、「体験の一回性」から出発する亀島にとって、小説のなかの事実関係はノンフィクションに近いものと想定される。

＊ この資料も、島田高志氏が亀島夫人から預かったものである。

「白日の記録」の冒頭部分に、小説のテーマが掲げられている。

「その色んな悪臭のたちこめる場所を、矢張愛し続けるだらう。いや、僕は愛し続けねばならない。僕の求めてゐるのが、一つ一つ切り離された出来事の解釈ではなく、最後の言葉、一つの問いに対する答である限り。」〔亀島、一九四八a、四六頁〕

つまり、「汚辱や、腐敗や、堕落や」を含めた軍隊生活について、一局面を切り取って論じるのではなく、その総体を人間の営みとしてそのまま受け入れつつ、それがもった意味を「一つの問いに対する答」として提示しなければならない。一言で言えば、軍隊体験を通して、自らの「戦後」をどのように構想するのか、が問われていた。

亀島は、一九七〇年、戦後二五年の時点でもその点を明確に述べている。

「戦争が私のなかで今も決して消えぬ限り、（それは消えぬ。消えるいわれがない。）その戦争の対蹠者としての「戦後」は、渝《かわ》ることなく、その重い意味をもちつづける。」「依然として私は「戦争」に執する・執せざるをえぬ自己と、従っては、その対蹠者としての「戦後」から半歩も離れない・離れてはならぬとする念いとを禁じえぬ。」〔亀島、一九七〇、一頁〕

〈白日の記録〉シリーズは、実は二つの時間軸で描かれている。主たる部分である戦時中の場面のなかに、執筆当時、つまり戦後の「現在」が挿入されている。たとえば、「白日の記録」では、「今日僕はT先生の家で酒を飲んだ。Dさんの全集を出すことになり、先生に解説をお願ひするので、Dさんが昨日先生を訪問した」〔亀島、一九四八a、七三頁〕で始まる、戦後の八雲書店での編集者生活が書かれている。「Dさん」は太宰治、「T先生」は豊島与志雄であることは明白であり、挿入部分も基本的にノンフィクションに近いものであると想定できる。*

＊　この場面は、エッセイのなかにも現われている〔亀島、一九九六、一三四－一三五頁〕。なお、亀島は、「白石徹」のペンネームで「豊島与志雄論」を『近代文学』に寄せている〔亀島、一九五一b〕。

このように二つの時間軸を交差させた意図は明確だろう。戦後の生活がいかに戦中の軍隊生活によって縛られているか、軍隊生活をどのように総括して戦後を生きたらよいのか、戦中と戦後のあいだで呻吟している姿がそこにはある。

たとえば、「T先生」が、恋愛論をぶつ場面がある。

「恋したら、女と一緒に崖からとびおりる気で、それで恋したんだ。今の若い人は、この女とならら崖からとびおりると思へる、そんな気持を知らない、知らんだろ？　崖からとびおりる気持を知らぬのだ、僕達は皆、それで生きて来たんだ、ね、D君だつてさうだ、さうだろ……。」

「Dさん」との曖昧なやりとりがあった後、「僕」は言う。

「僕達はもう崖からとびおりてしまつたんだ。崖からとびおりてしまつた人間に、もう一度崖からとびおりろと言ふのは、言ふ方が無理だ。……崖からとびおりれないと云つて、僕達を莫迦にするのは、……矢張間違つてゐる。僕達はとびおりた崖へ、よぢのぼることを、崖の下から、どうして手懸りをつかまうかと、それだけを……先生とは世界が違ふんだ。」〔同書、七四頁〕

豊島も太宰も軍隊には入っていない。そうした人たちが「命懸けの恋愛」を説く。太宰は実際にこの後入水自殺を遂げている。亀島は、埴谷雄高をはじめとする『近代文学』創刊時同人に対する違和感と同種のものを、豊島や太宰にももっていたのだろう。戦場で死を覚悟して、なお生き延びてしまった抜け殻のような人間に、また命を懸けて女を愛せと言うのか。「T先生」が熱弁を振るうほどに、その中身はお気軽なものに聞こえてしまう。

〈白日の記録〉シリーズは、「驢馬の列――白日の記録」、「傷痕――白日の記録」、「時は停り……――白日の記録」と書き継がれていくうちに、二つの時間軸のうち「現在」の部分が次第に大きくなり、それが、軍隊生活の描写と厳しい緊張関係を保っているか、と言えば疑問がないわけではない。しかし、亀島にとって、軍隊生活を描くことは、現在をどのように生きるのか、という問題と直結していたことだけは確かだろう。

共匪・匪化民討伐の任務

〈白日の記録〉シリーズは、「過去」の時間軸では、マラヤ・ジョホール地区での軍隊生活が中心に描かれている。作者に擬せられる見習い士官・志津堯志がポート・ディクソン教育隊*を卒業して実戦に配属されたのは大戦末期の一九四五年七月であり、その地はすでに日本軍が占領を終えていた。イギリス軍の空襲は稀であり、上陸してくるかどうかさえわからない。主たる任務は、「共匪」や「匪化民」の掃討となった〔亀島、一九四八a、六二―六四頁〕。「馬来半島の山稜密林地帯に蟠踞《ばんきょ》する匪賊は、その尽《ことごと》くが中国共産党の系統を引くと言われる、所謂共匪」〔傍点は原文。同書、七一頁〕であり、支那人〔中国人〕だった。「匪化民」は、「共匪」への「食料・情報の提供者、sympathizer」〔亀島、二〇〇〇、一頁〕である。マレー半島の山稜密林地帯には、「山塞《さんさい》」つまり匪賊の砦が半日行程ほど離れた距離に点在している。志津たちは、その山塞を次々と発見し、各山塞と町にいる同志を繋ぐ連絡員を捕らえた。

＊　前橋・豊橋第一・仙台・熊本の各陸軍予備士官学校の甲種幹部候補生が、マラヤの港町ポート・ディクソンにあった教育隊で訓練を受けた〔ポートディクソン回顧録、一九九二、i頁〕。

各山塞と町にいる同志を繋ぐ連絡員、つまり、匪化民ではなく「匪賊」の大物を捕らえたときのことである。当然のことのように拷問が行なわれる。「殴られ、蹴られ、火に焼かれ、水をのまされ、再び腹を押へつけ、その水を口から、鼻から噴出さゝれ」、「全身蚯蚓《みみず》張りになり、額を、頬を、べつとり血に染め」ているその匪賊に、兵隊Tは水ではなく小便の入った器を与える。「彼は貪るやうにそれを飲んだ――と思ふ瞬間、ギャッ、異様に籠る叫びをあげ、烈しく顔を振つた」（亀島、一九四八a、七二頁）。「僕」は、「限りなく痛ましく、限りなく美しい、「人間的」な極限にある形相」を、「闇と闘ふやうに」、「背をかゞめながら、凝視めつゞけた」。「共匪」や「匪化民」は捉えられると、拷問にかけられた後、首を斬られ、穴に埋められる。それに対して、「僕」＝志津堯志はどう反応したか。

「老人は確かに匪化民だつた。そして匪化民である以上、拷問も余儀ないものだつた」（同書、六六頁）。「僕」はこの事態に対して反発はしない。「これで逃すと、今度こそ間違ひなく匪賊になる」という理由で、隊長の腕試しとして斬首され、穴に埋められる。「僕達の言い捨てゝて来た「人間」と云ふ言葉なぞ、それこそどんな意味ももたない」（同書、六七頁）。

匪化民として捉えたなかに妊娠した女がいた。Nという兵隊は、刺突《しとつ》の恰好をして、「隊長殿、やらさんとですか」と「子供のやうな可愛いゝ顔をにこ〳〵させながら、唄ふやうに綺麗な声で」言う。「妊娠してゐるから面白い」という発想は、その兵隊が沖縄出身だということだけでは説明がつかない。一九四五年六月の沖縄戦の悲惨は、報道統制下にあった国内でも、ある程度漏れ伝えられていたし（内藤、二〇二一、一一九―一二四頁）、外地では英字紙も手に入りやすい。故郷・沖縄の悲惨を知る者が、悲嘆にくれ、自棄になっていたと理解しても、「その悲しみや、絶望が、どうしてあんなに無邪気な笑ひ声に繋びつくのだらう」（亀島、一九四八a、六八頁）と志津は訝《いぶか》しがる。「人間」離れした感情と考えるよりも、むしろ「人間」の何処かに潜んでいる感情であることを打ち消すことができない。

志津は、日本兵の残虐行為に及ぶ心情よりも、むしろ匪賊や匪化民の「優越性」に違和感を覚える。なぜ、匪化民の老人は、惨殺される前に「深い哀しみと、静かな諦めと、却って相手を憐れむかに見える微笑」を浮かべるのか。まるで死を一向に恐れていないようにさえ見える。「僕がたつた一つ持つてゐる規定である生きることと死ぬことの差など、まるで適用出来なくなる」〔同書、七二頁〕。

生体解剖の光景

〈白日の記録〉シリーズ第二作である「白日の彩色」になると、「残虐行為」のさらに詳細な描写が行なわれる。ここでは、見習い士官・志津堯志、上司である中隊長・谷永大四郎、軍医・浜崎創の三人が主な登場人物である。

志津は、「討伐」から帰った後に谷永中隊長から「面白かもん見に行きまっしょ」と誘われる。捕らえられた三人の「匪化民」のうち、二人の斬首が行なわれ、死骸は穴に埋められた。ただ、その「斬首」の儀式は、「前座」に過ぎなかった。もう一人の「匪化民」を仰向けに倒し、衛生兵四人がその手首と踵を靴で踏みつけて抑え込む。「衛生兵の学科」として、浜崎軍医のメスが男の身体を切り刻んでいく。麻酔もかけていない。鼠蹊部を切り裂いて、衛生兵に「止血」をさせる。そして、大腸、小腸、胃、肝臓と臓器が次々に取り出されていく。

浜崎軍医が取り出した「淡い空色の、駝鳥の卵に似た、はちきった塊り」を見て、中隊長が「そりゃなんとですか」と尋ねる。「脾臓ですばい」。軍医はつづけてひとりごとのように言う。「此奴ぁひどいマラリアですばい、……こぎゃん大きいとは珍しい」〔亀島、一九四九a、六三頁〕。志津はその脾臓を見て、「はちきってるやうで、ぢっと見てるとぶよぶよしてるやうだ」と観察している。

マラリアは、ハマダラ蚊（Anopheles）を媒介として、マラリア原虫によってもたらされる感染症であり、その特徴の一つが脾腫、すなわち脾臓の肥大である。脾腫は柔らかく、破裂しやすいと言われている。「太平洋戦争」中、日本軍の行動範囲が東南アジアへと拡大していく過程で、マラリアは深刻化していった。マラヤにおいても然りである〔飯島、二〇〇三、二〇八－二〇九頁〕。一九四四年一月、マラヤ・セランゴール州政庁クアラルンプール博物館資料として、「「マラリヤ」ヲ伝播スル蚊アノフェレス」という論考が刊行されている。熱帯地方の全死者数の三分の一がマラリアによってもたらされたものであることから、マラヤ産のアノフェレス等についても調査されている〔明石編・解説、二〇〇六b、三一五－三三一頁〕。

「討伐」と「生体解剖」について、谷永が浜崎に尋ねるシーンがある。「軍医殿《どん》は討伐は好かれんとですか」。討伐に参加しない軍医に、谷永は「軍医殿《どん》は意気地がなかとですな」と軽口を叩くと、浜崎は、「わしはあんたらと違うて文化人ぢゃからな」と笑う〔亀島、一九四九a、五六頁〕。つまり、浜崎にとっては、麻酔なしの「生体解剖」も、医師という「文化人」の行為ということになる。志津は、「文化人ってのは何だ。ふん、そんなものが何の役に立つんだ」と舌打ちをする。「討伐」や「斬首」に比べて、「生体解剖」のほうが「文化的」だとでも言うのだろうか。しかし、そうした残虐行為の現場に居合わせて、彼はどんな行動をとったのか。

「はぢめて彼〔谷永〕が匪化民の首を斬った時、ひき絞るやうに眉を寄せ、蒼褪めた頬の片側にぴくっぴくっと小さな痙攣が走り過ぎていた志津堯志の顔を思ひ返した。」（同書、五二頁）。

志津は、何もできない傍観者として位置づけられている。「戦争になればそんなことはどうしたって避けられぁしないんだ。謂はばごく普通のことなんだ。誰よりも自分自身に、弁解するやうに、説得するやうに、繰り返す。そしてすぐその後に、――然し俺はやらなかった。勿論今後も俺はやらぬ、とおずおず慰めるやうにつけ加へる」（同書、五二頁）。残虐行為を止めることはできなくとも、それには参加しないという倫理観で、辛うじて精神の安定を保とうとしている。

「生体解剖」を目の当たりにして、志津には陳腐なことしか思い浮かばない。

「仲々死なぬ、きりとっても、あんなにぼちゃぼちゃ泥濘《ぬかるみ》を歩き廻るやうにかきまはしても、……どんな痛さだろう、いや、痛いとか痛くないとか、そんなことぢゃない。……うん、そんなことぢゃない。それは……勿論見当もつかない。」（同書、六三頁）。

「ほお、動いちよる、動いちょる」と谷永が言うのは、最後に肋骨を切り開いて見えてきた匪化民の心臓である。「白日の陽が瞬間光を衷〔ママ〕ひ、暗い洞窟の奥で、どくたん、どくたん伸び縮み、伸び縮みする黒い一握りの塊り、……どくたん、どくたん、ぶるぶる震へるやうに伸び縮みする一個の生物」（同書、六四頁）。

小説はこのようにして結ばれている。

七三一部隊と生体解剖

戦時中の七三一部隊については、周知のとおり、日米の政治的取引により、そのすべての成果をアメリカ合衆国に引き渡す見返りに、その存在さえもが秘匿され、一切の犯罪的行為は免責されることとなった。七三一部隊の実態を初めて白日の下に晒したのは、森村誠一『悪魔の飽食――「関東軍細菌戦部隊」恐怖の全貌！長編ドキュメント』（光文社、一九八一年）だろう。そこでは、七三一部隊の数々の人体実験が紹介されているが、そのなかでも、中国人少年の生体解剖、「人間の活き造り」の記述には強いインパクトがあった。

「眠っている少年の体内から腸、膵臓、肝臓、胃袋と手際よく各種の臓器が取り出され、一つずつ選り分けられては計量された後、バケツの中に投げこまれた。計量器に載せられた各臓器は、まだ蠕動《ぜんどう》を続けているために計量器の針がふれ、隊員は目盛りを読みとるのに苦労した。バケツの中に放りこまれた臓器は、直ちに備え付けの大きなホルマリン液の入ったガラス容器に移され、ふたをされた。」（森村、一九八三、八九頁）

これを青年時代に読んだ医師の徳永進（現在、鳥取・野の花診療所院長）は、「医療が人を救うどころか、人を殺していること」にショックを受ける。何の罪もない無辜の健康な少年の身体を切り刻むという行為の残虐さには、誰もが目を覆いたくなるだろう。しかし、この生体解剖の恐ろしさは、その残虐性だけには帰着されない。医師である徳永は、「「解剖」という点では、手順といい、道具といい、まったく同じもの」であることに気づく。医療技術は、人間を救うこともできるし、人間を殺すこともできる、というその二面性に、あるいは医学・医療が宿痾のようにもつ業の深さに、徳永は戦慄を覚えた（徳永、二〇一九、一〇〇–一〇一頁）。

クロード・ベルナール『実験医学序説』（一八六五年）の言葉を借りれば、「内科医は病人について毎日治療的実験を行ない、外科医もまた被手術者について毎日生体解剖を実行している」（ベルナール、一九七〇、一六七頁）。倫理の枠を嵌めなければ、医療技術はどこまで暴走するかわからない。問題となっているのは単なる軍隊の残虐性ではなく、医学に自由を与えたときの恐さであるとも言える。そして、医学は、あらゆる枠から自由になったときに、ナチス・ドイツにおいても、七三一部隊においても、飛躍的にその技術を進化させた。

ここで留意すべきは、戦時中の医療者の「残虐行為」について、七三一部隊に限定して考えることはできないという点である。「旧日本軍の「科学」や「医学」の名のもとにおこなわれた行為がけっして七三一部隊などの特殊な事例ではなく、日本軍が侵略した先々でみられた一般的な事例であったこと」（中央檔案館ほか、一九九一a、iv–v頁）は夙《つと》に報告されている。

亀島の〈白日の記録〉シリーズが「小説」としてつまり「創作」として書かれたものだとしても、旧日本軍の医療的残虐行為が広く流布していない一九四九年という執筆年を鑑みれば、そこに記述された出来事が、作者の想像によるものとは考えにくい。生体解剖によって取り出された「脾腫」の形状等は、国文学科出身の作家の想像力の及ぶところではないだろう。登場人物の造形や物語の進行は別として、その素材として使われている事柄には事実としての重みがあると見てよいのではないか。「白日の記録」という奇妙なタイトルには、小説といえども、そこに描かれたものは、自身が見聞きし、体験した「事実」であり、これを「記録」として「白日」の下に晒したいという意思が込められていたと推測される。*

＊　栗原敦は、「表題に最初から「記録」の語を選んでいるのは、事後における弁明でないものを目指す思いからに他ならない」〔栗原敦、二〇〇八b、三九頁〕と述べている。

七三一部隊では、医学の発展という一応の大義が、自らの残虐行為を正当化させていたと考えられるが、志津尭志の見たものは、そのような大義からかけ離れたものではなかったか。『悪魔の飽食』の「人間の活き造り」では、麻酔はかけられていた。中央檔案館ほか編に収められている証言例でも麻酔なしに人体実験等が行なわれた場合も少数報告されているとはいえ〔中央檔案館ほか編、一九九一a、三八―三九頁、一五二頁〕、マラヤの場合には、果たして「医学」的な行為であったのだろうか。いや、もっと言えば、そもそも細菌戦のための生物兵器を研究・開発する七三一部隊の医師たちは、「医学」的な志によってのみ動いていたのだろうか。

妊婦の腹を刺突しようとする「白日の記録」の場面は先に紹介したが、実は七三一部隊ではそれが実際に行なわれていたことを、聖路加国際病院名誉院長だった日野原重明が証言している。日野原が京都帝国大学医学部四年生のときに、七三一部隊の石井四郎部隊長が先輩として母校を訪れ、人体実験の一六ミリ実写フィルムを見せたという。そのなかに、「銃に剣をつけて市民の妊婦のお臍《へそ》にズブッと刺す」シーンがあった。それを見た何人かの学生は、気持ちが悪くなってばたばたと倒れたという〔日野原・デーケン・木村、二〇〇九、七九頁〕。この「人体実験」に、いかなる医学的な志があったと言うのだろうか。

ジャズの女王と言われたビリー・ホリディの代表曲「奇妙な果実 Strange Fruit」〔一九三九年〕は、木に吊るされてリンチされる黒人を「果実」に見立てたものだが、たとえば白人女性を襲った黒人男性に対する「正義の代執行」として行なわれたのかと言えば、その意識は稀薄化していた。むしろ、カーニバルやメリーゴーランドのような娯楽、憂さ晴らしとして享受されていたという〔マーゴリック、二〇〇三、三七頁〕。ジェームズ・ボールドウィンの短編小説「出会いの前夜」〔一九六五年〕には、そうした雰囲気が生々しく描かれている。白人の観衆は、黒人のリンチをピクニックに出かけるような気分で見物に行き、黒人の巨大な陰茎をナイフで切り落とすシーンに、婦人たちは性的な興奮を覚える〔ボールドウィン、一九六七、一九―三一頁〕。亀島が描く生体解剖のシーンは、むしろこの黒人リンチに相似した印象を与える。医学教育という大義名分はもはや形骸化していて、日本兵たちはそれを残虐な演劇として享受していた。

のちに『医の倫理を問う――第731部隊での体験から』（勁草書房、一九八三年）において、七三一部隊に参加したことを公にした秋元寿恵夫は、一九四八年に「生体解剖」というタイトルの論考を発表している。直接には、米軍捕虜八名が犠牲となった、一九四五年五月の九州大学生体解剖事件を対象にしているが、「到底これをもつて遠い世界のよそごととは考えられず、いくたびか、きびしい内省をかさねてきた」（秋元、一九四八、三八頁）とあり、七三一部隊での自身の体験や見聞と重ね合わせているものと推測される（秋元、一九八三、一二三頁）。

秋元は、生体解剖によって、屍体解剖では得られない新たな知見に到達できるのではないかと期待する医学者の心理に一定の理解を示しつつも、自然科学の名において、両者に質的な相違はありえないと断言する。したがって、「生体解剖はれつきとした殺人行為であり、それ以外のなにものでもない」（秋元、一九四八、四一頁）という結論が導かれる。

傍観者とインテリジェンス

〈白日の記録〉シリーズをフィクションとして評価する場合、「残虐行為」の描写よりも、それに対する主人公の態度が否応にも注目される。たとえば、野間宏『真空地帯』では、二年間の陸軍刑務所での服役を終えて隊に復帰した木谷一等兵は、自分を揶揄したりバカにしたりする者を許さずに殴り倒すという苛烈さをもっている。大西巨人『神聖喜劇』では、九州帝国大学法学部中退という経歴をもつ東堂太郎は、卓越した法律知識と並外れた記憶力を駆使して、軍隊内で上官に対抗する。木谷と東堂ではキャラクターは異なるものの、二人とも軍隊の理不尽さに抵抗する果敢さをもっている。戦後社会に適応力をもつ主体的な人物として造形されているゆえに、二つの作品が戦後社会のなかで広く受け入れられたことは充分に頷ける。

ところが、亀島の〈白日の記録〉シリーズの主人公・志津堯志（あるいは一人称の「僕」）は、作者本人に擬せられた私小説的な体裁をとったためだろうか、読者が感情移入しにくい人物として造形されることとなった。「残虐行為」に対して否定的な見解をもちつつも、それを行動に移すわけではなく、内面に葛藤を抱えた傍観者として描かれている。それが、戦争体験の「真実」を切り取ったものであったとしても、生き生きとした未来へのビジョンに結びつかない。しかし、『知性』座談会における亀島の「インテリジェンス」批判という視点を思い起こせば、実は、作品は強烈な自己批判に貫かれ、戦後社会のあるべき姿をネガとして際立たせているものとして把握できる。

また、野間や大西の作品は、生死がかかるような戦場ではなく「内務班」が主たる舞台であることは考慮に入れなければならない。実際の戦場で、一見習士官に「残虐行為」を止めることができただろうか。先の座談会で亀島が、「そんな人間はほぼいなかった」と野間に反論したことには、「戦場」という極限状況のなかで見てはならぬものを見てしまった者の悲哀と鬱憤とが隠されていたように思われる。

ともかく、その「傍観者」ぶりを確認することにしよう。

「僕は石田三成が干柿を喰はなかった逸話に感動する。同じやうに僕は、逃げ出した匪化民が、追討の弾丸にうち倒され、然もその掌《て》に匙と食器を握りしめてゐるのに、思はず好意の微笑を禁じ得なかった。」（亀島、一九四八a、七〇頁）

石田三成が処刑の間際に湯の代わりに干柿を供された際、干柿は「痰の毒なり」として食さなかったというエピソードが江戸期の『茗話記』に残されている。「大義を思う者、これ首をはねらるる期迄も命を惜しむは、何とぞ本意を達せんと思うゆえなり」（辰馬編、二〇二三、二一九頁）。この歴史上の逸話に、石田の生への執念を感じ取り、あるいは死に直面してもなお平生を崩すことのない胆力に思いを寄せて、「好意の微笑」を向けるのはよしとしよう。しかし、いま目の前で自分たちによって殺される「匪化民」の振る舞いに同じような「好意の微笑」を禁じ得ないという感情は、冷静さの範疇を越えている。無理やりに自身を「傍観者」の立場に追い込み、野外劇の観客であるかのように振る舞うことで、辛うじて加害者意識から逃れようとしているように見える。『茗話記』の逸話を知る「インテリジェンス」は、自身をごまかす手段としては使えても、残虐行為を抑止する力はいささかももっていない。まさに「勇気」のない典型的な日本兵として志津尭志という人物は造形されている。

これから生体解剖が始まるというときにも、志津は、まるで他人事であるかのように、フローベールの名をもちだして、「悲惨なものは往々滑稽である」（亀島、一九四九a、五七頁）と呟く。おそらくは『ボヴァリー夫人』（一八五七年）の末尾の場面を想定してのことだろう。

ボヴァリー夫人であるエマが不倫の果てに多額の借金を残して自殺をした後、夫の開業医シャルルは医師の生業も捨て、零落と失意の日々を過ごしていた。最後に残った馬を売りに市場に赴くと、偶然エマの不貞の相手ロドルフに遭遇する。「あなたをもう恨んでいません」、「運命のいたずらです」。ロドルフには、シャルルのこの台詞は、「お人よしにもほどがあり、滑稽でさえあり、いささかあさましく思われた」〔フローベール、二〇一五、六三五頁〕。

戦場で斬首や生体解剖をされる「悲惨」とシャルル・ボヴァリーの「悲惨」とは比較すべくもない。「いのち」を奪うという明確な直接的加害行為の重みを、志津の言動からは窺い知ることができない。そして、志津はそんな自分を嘲ってみせる。「こんな他愛もない、フロォベェルなぞを何の関係もなしに、ぼんやり考へつづけてゐる俺も、仲々滑稽ではないか」〔亀島、一九四九a、五七頁〕。志津のもつ「インテリジェンス」は、日本軍の残虐行為を止めることにいささかも寄与しないどころか、むしろ「インテリジェンス」が志津を「傍観者」たらしめているとも言える。

第三節　「芳蘭伝説」の謎

レムパン島の日々

亀島は、その晩年にあたる二〇〇〇年になって、若き日の〈白日の記録〉シリーズをこう回顧している。

「私はこれだけは書いておきたいことがあった。今もある、と言っていい。……一つは、仮に『島』と題する、敗戦後、シンガポール沖あいの小島、レムパン島に俘虜として送られた一九四五年十月から翌四六年五月まで、約半年の小説化。／最初に飢餓を知った。それもなかなかに痛烈な体験ではあったが、より以上、痛烈であったのは、飢餓の解消、肉体の恢復に伴い、当然、予期されていい精神の恢復が必ずしも同調せず、いや肉体の恢復が却って精神の崩落を招きさえするという、信ずべからざるほどの変貌が、一定の経過を伴って、人の上に生じるのを見た体験である。」〔亀島、二〇〇〇、一頁〕

レムパン島は、面積一六五平方キロ、およそ長崎県平戸島と同規模の小島である〔本田、二〇一八、五二頁〕。その開拓が連合国軍より日本兵俘虜たち約八万人に課せられた。連合国軍から配給される食糧は当初ごく僅かで、日本兵のあいだでは「恋飯島」と呼ばれもした。当然のことながら無人島の開拓には幾多の困難が伴ったが、各自の職能や得手を活かした協力態勢により、目に見える形で作業が進捗すると、俘虜といえども一定の充実感を味わうことができた。生活環境が整備され、島の開拓が完成形に近づくと、俘虜の任務が遠からず解除されるだろうと意識されるようになる。幸運にも、疲労と空腹によって明確に意識化されることのなかった戦争への疑念が、頭をもたげ始める。死を覚悟し、命を懸けた戦争には何の大義もなかったことが明らかとなり、青春の日々を軍隊生活に奪われたことへの憤怒の念が募ってくる。そして、祖国は、自分たちを置き去りにしたまま、まったく新しい価値観によって再建された。帰還したところで、そこに適応していくことができるのか、自分の居場所があるのか、という不安さえもが重くのしかかる。おそらく亀島が描きたかったのは、そうした俘虜たちの複雑な心情ではなかっただろうか。

レムパン島で開拓に従事した日本兵俘虜の何人もが、実録に当たるものを書いている。島に上陸した時期、場所、原隊の区分等によって、抑留生活の内容は異なるとは言え、押し並べてポジティヴに捉えているものが多い。復刻版も出ている日比野清次『レムパンの星――マライ軍抑留記』（香柏書房、一九四九年）には、イギリス軍将校の「序」が付され、執筆の主眼は、「吾々八万の同朋が如何に苦闘し、如何に建設し、如何に歓喜したか」（日比野、一九九九、二一三頁）に置かれている。大佛次郎は友人の体験談を基に「無人島の話」を書く。無人島に漂着して独力で生活を切り拓いた冒険譚、ダニエル・デフォー『ロビンソン・クルーソー』（一七一九年）に準《なぞら》えて、レムパン島での生活に「潑剌として強く健康な人間の息吹」（大佛、一九四八、九頁）を感じている。佐藤春夫「なつかしき無人島」は、体験者の回想録風に書かれたものだが、その締め括りにはこうある。「我々は島の原始林を征服して島を完全に農園化し、道路は勿論、小さいながら飛行場まで、何の道具らしい道具もなくでかして置いて引き上げるのは、今や敗戦感を償ひあまりある程愉快であった」（傍点は原文。佐藤春夫、一九四七、二九頁）。抑留期間が短かったこともあって、シベリアのような悲惨さはなく、むしろその体験の充実感、満足感が表に出ている。亀島の問題意識からすれば、こうした手記の類は、間の抜けた健全主義に見えたことだろう。

亀島は、レムパン島体験について、断片的なものを〈白日の記録〉シリーズの「驢馬の列」、「傷痕」、「時は停り」に切れ切れに書いた後で、集大成とでも言うべき「島」を二回に渡って『近代文学』に載せている。この作品は、これまでの一人称の「僕」や「志津尭志」の視点で書かれたものとは趣が異なっている。志津は登場人物の一人として後景に退き、多数の日本兵俘虜たちが織りなす大群像劇に仕立てる構想が見える。雑誌でわずか二六頁分のなかに、日本兵を総勢五〇名近く登場させている。メモなしに、頭のなかだけで人物相関図を思い描くことも難しい。しかし、その大構想は、ほんの触りだけで「未完」に終わってしまった。そして、この「未完」の小説をもって、亀島は事実上創作の筆を折った。

この「全体小説」構想は、〈白日の記録〉シリーズを完結させるための大胆な試みではあるものの、むしろそうであるがゆえに、私小説的な手法しか用いてこなかった亀島の手には余るものだったのかもしれない。しかし、「島」を完成しえなかったのは、実は、その前の段階にあったとも言えるのではないか。レムパン島の日本兵俘虜のあいだで肉体の恢復が却って精神の崩落を招くというパラドックスは、「芳蘭伝説」における「共匪」や「匪化民」の精神の堅牢さと対をなすものとして亀島には意識されている。彼らの心情が解き明かされないかぎり、日本兵俘虜の問題に没入することはできない。そして、亀島は「芳蘭伝説」に忸怩たる思いをもっていたがゆえに、後年、一九七二年になって、「芳蘭伝説」序章、第一章〜第四章を同人誌『文化同盟』に寄せた。全面的な書き換えと言ってよく、物語は多層的になってはいるが、ただし『潮流』に載せた旧稿の末尾と新稿・第四章の末尾のクライマックス・シーンは、設定も台詞もほぼ同じであり、テーマの深化を窺わせるような新たな展開は見られない。

この新稿・第三章でも、「匪化民」と見なされる少年に対する日本軍の拷問の場面が長々と描かれている。しかも、その一五、六歳と見られる少年は、日本軍発行の「良民証」をもっていた。「匪化民」でないことの確たる証拠があるにもかかわらず、拷問は行なわれる。そこで、「僕」は、彼らの強靭なる「精神」の謎に包まれることになる。

「僕の知りたいのは、その密林に、十分、通用可能な、どれだけ肉体を傷めつけられ、文字通り、踏み躙《にじ》られても、砕けぬ堅牢無比な〝精神〟。そいつがどんなものか、見当もつかぬが、この見窄らしいといっていい、真黒に陽に灼けた、痩せっぽちの少年（こいつは、精々、十五、六だろう。）は間違いなしに自分のものにしている。――一体、どうして、こいつはこの堅固な（無謀なほどに、愚鈍なほどに、堅固な）〝精神〟を手に入れたのだろう。」〔亀島、一九七二c、一二三頁〕

その謎を解き明かすことが、「芳蘭伝説」の、いや〈白日の記録〉シリーズ全体のモチーフと言えるだろう。

「共匪」や「匪化民」の「堅牢無比」な精神を支えているのが、「芳蘭」という指導者である。

「芳蘭」については、第一作の「白日の記録」にも短く記されている。〈白日の記録〉シリーズ全体の構想のなかに最初から用意されていた人物設定だったことになる。

「――来るべき日を待て。我等は芳蘭を信ずる。

それはジョホール共匪の合言葉である。芳蘭とは、半ば伝説化された彼等の頭領であり、彼女は、多くの伝説にある如く、嬋娟《せんけん》たる美女であると言はれた。」〈亀島、一九四八a、七五頁〉

実際に、「共匪」たちは、死の間際に、「芳蘭」の名前を土の上に書き、あるいは「我等は芳蘭を信ずる」と叫ぶ。

志津は、その伝説の女、「黄の支那服」を着た「芳蘭」らしき人影を一瞬目撃した後〈亀島、一九四九c、八一頁〉、互いに拳銃をもって対峙する最後のシーンがやって来る。

「動かずに、動かずば撃たぬ」。意外なことに、芳蘭は日本語で語りかけてくる。「拳銃をしまって」、「私も撃たない」。しかも、女は志津が「見習い士官」であることまで知っている。「こんなところで死ぬの、厭でしょう?」。「誰も来ない。誰も知らない」。「お帰んなさい」。「私も帰る」。「戦争ももうすぐ終る」。「身体を大事に、日本に帰りなさい」。「動かずに、見習士官…殿、…また会うかも知れません」〈亀島、一九四九d、九四-九五頁〉。そう途切れ途切れに言葉をつなぎ、女は密林のなかに消えて行った。

敵方の「共匪」の指導者に美しく若い娘がいて、その娘が日本語を話し、日本兵に友好的であり、その階級まで把握している、という設定は、仮に原型らしきものがあったとしても、史実に即したものとは言えないだろう。創作としても「陳腐」感は免れない。他の箇所では、史実に沿って書いていたはずの亀島がなぜこの部分だけ突出した物語を描くのか。現実的に解釈して「芳蘭」の挿話が夢のなかの出来事だとしよう。新稿の第四章は、「夢からさめたように、その夢をむなしく追うように、嗄《しわが》れた声がこみあげ、——真昼の密林は静かに深い。……」〔亀島、一九七二c、七八頁〕と結ばれている。

仮に夢であったとしても、なぜ亀島はこの「芳蘭」という美女を作品のなかに登場させなければならなかったのか。

「芳蘭伝説」の背景

日本兵と「共匪」や「匪化民」とのあいだの精神のあり様の落差はなぜ生じるのか。「共匪」や「匪化民」が死の間際にまで見せる強力な団結心と未来への希望、それに対蹠的である日本兵の精神の崩落。亀島が実際の戦場のなかで実感したその対照は、まずは「侵略するナショナリズム」と「抵抗するナショナリズム」との相違と捉えることができるだろう。侵略する側には、抵抗する側がもっている、勝利への確固たる意思も、仲間との堅固な連帯も、解放された未来への希望もない。それは、大義なき戦争に駆り出されたアメリカの若者たちと南ベトナム解放民族戦線とのあいだの著しい対照としても歴史に刻まれている。アメリカの歴史家ハワード・ジンは、このベトナム戦争を「組織化された近代技術」対「団結した人類」の戦いと見た〔ジン、一九八二、下巻、七八一頁〕。侵略され、抵抗する側には、「人類」という大義があった。だからこそ、その戦いに勝利した。

ただ、亀島にとって、これほど単純な図式で理解できるような落差ではなかったのだろう。そのうえ、マラヤはベトナムとは異なって、「ナショナリズム」も「民族解放」も複雑な様相を呈していた。

「芳蘭伝説」の舞台となっているそのマラヤについて、簡単に説明しておこう。マレーシアは、マレー半島部に北ボルネオ等を含めて一九六三年に成立し、一九六五年にシンガポールが分離独立して現在の形になっている。ここで言う「マラヤ」は、イギリス領マラヤだったマレー半島地域を指している。一九四一年一二月に日本軍はシンガポールを占領し、一九四五年八月の敗戦までの三年半のあいだ、マラヤ全土に日本軍政が敷かれた。

まず留意しなければならないのは、マラヤの複合的な民族構成である。一九四一年のマラヤの人口構成比から確認すると、マレー人が四二%、中国人が四三%、インド人が一三%であり、中国人の比率が移民によって高まってきている〔明石編・解説、二〇〇六a、三五六−三五七頁〕。日本軍政の方針は、その民族構成を反映して次の三つであったと言われる。

「(1) 日本の中国侵略の反映として、マラヤの中国人に対する抑圧、
(2) マラヤとインドネシアとの統一という将来構想にたつマレー人の擁護、

（3）インドの反英闘争を援護させるためのインド人への援助」〔萩原、一九八九、一一頁〕一九三〇年にマラヤ共産党が結成されるが〔原不二夫、二〇〇九、一五－一七頁〕、共産主義はマレー人のあいだには浸透せず、土着性、民族性は希薄で、中国共産党が主体となった中国人居住者の運動という側面が強かった。また、日本軍や警察隊がマラヤ共産党討伐戦にマレー人警察官を動員したこともあって、両人種間の対立は烈しくなったと言われている〔明石編、二〇〇一、二〇頁〕。

日本軍侵攻を前にして、マラヤを支配していたイギリス軍とマラヤ共産党とのあいだでは、対日戦協力について合意が形成されている。かつての敵同士が日本軍という共通の敵を前にして協力することになった。日本軍占領に抗して、マラヤ共産党主体に形成された「マラヤ人民抗日軍」は、ゲリラ戦を展開して日本側を悩ませることになるが〔明石編、二〇〇一、八頁／長井、一九七八、九三－九五頁〕、これも当然中国人が中心で、抗日軍宣伝紙二三紙のなかにマレー語紙は一紙もなかった。抗日軍には、わずかにマレー人、インド人がいて、またマレー住民の食料補給、情報提供等の協力もあったが、それは「抗日軍の華僑性を変質させるものではなかった」〔原不二夫、一九七八、一七頁〕と分析されている。

「芳蘭伝説」における「共匪」は、「マラヤ共産党」ないしその軍事組織とも言うべき「マラヤ人民抗日軍」を指していると考えてよいだろう。「芳蘭」は、「マレイ・ジョホール地区共産遊撃隊指導者」〔亀島、一九四九d、九五頁〕とされている。その地位には実際にどんな人物がいたのだろうか。

毎日新聞政治部の従軍記者だった筒井千尋の『南方軍政論』（日本放送出版協会、一九四四年）に掲載されたマラヤ共産党の組織概要図によれば、「中央執行委員会」の下に各地方の委員が置かれ、「ジョホール地方委員」としては、委員長・亞文、委員・楊木の名前が記されている。委員の定員は五名。「純党員」は二七〇名とある。亞文は、「中央執行委員会」の執行委員も兼ねている。委員名はもちろん本名ではなく、「別名にして党員間に於て使用しありたるもの」である（筒井、一九四四、一五四―一五五頁）。

ここに現われた幹部名を、マラヤ共産党側の新資料等を用いて、原不二夫が一人一人検討した結果、「亞文」については次のことが判っている。「ジョホール生れ。祖籍は広東。マ共中央軍事委員会委員として、林江石の下で「星洲華僑義勇軍」の指導にあたった。四二年五月の中南マラヤ党・軍幹部会議に出席。ジョホール州で活動していたが、四二年六月末から七月初め、シンガポールに病気療養に赴いたところを仲間の通報で逮捕され、四三年一〇月にはタイピン監獄にいたことが確認されている。四四年に絞首刑となった。行年《ぎょうねん》二四歳」（原不二夫、二〇〇一、一〇五頁）。この死亡時期が事実だとすれば、亀島とマラヤで出会うことはありえない。

日本軍と敵対するのは中国人主体の「人民抗日軍」であるとしても、マラヤ全体における「解放」のベクトルは複合的であり、民族間の対立と協調のドラマを一見習士官である「僕」ないし志津堯志の限定された視点で描くことは難しかっただろうと思われる。「芳蘭伝説」では、「共匪」が悉く「支那人」（中国人）であることは指摘されているし、「支那人」と「原地人」（マレー人）との区別もされている。しかし、両者の対立や葛藤など、それ以上の分析は見られない。

天皇と共産主義

では、亀島は、なぜ史実を正確に反映しているとも思えない、お伽話のお姫様のような若い美女を登場させたのだろうか。そこには当然、積極的な意味が込められていたはずである。「白日の記録」のなかに、終戦の詔勅後の天皇について言及している箇所がある。

「僕は孤独な心をふりかへり、つひさつきまでそこにあつた筈の色んなものを思ひ返さうとした。八紘一宇とか、皇軍とか、そして天皇とか、を。然しそれらはもうとつくにすえた臭ひしか残してゐなかつた。唯天皇に対する感情だけが、辛うじて燃え残つた根つこのやうに燻つてゐたが、その天皇は何時も僕達から余りに遠すぎた。彼がこの決定的な変化にどのやうな惨めな傷手を被るとしても、今になつて僕達の同情を拒否する彼への距離が、背中越しに眺めた「御宸影」のやうに、どうしやうもなくよこたはつてゐるのだ。」「彼は唯白痴的な表情に鋳造された猫背の男に過ぎなかつた。それがどうしてなのか、漠然と感じたに過ぎなかつたが、果たしてその通りであつた彼を見るにつけても、彼の愚鈍と、無気力が憤《いきどほ》ろしいものに思へる。彼はその時も、今も、僕程にも「人間的」でないの

だ。」〔亀島、一九四八a、七九-八〇頁〕

「芳蘭」は何から何まで「天皇」と対極的な存在として造形されていると考えられないだろうか。「天皇」の醜さや愚鈍さを表現する代わりに、美しく聡明な「芳蘭」が描かれる。日本兵は、誰も「天皇陛下万歳」とは叫ばない〔大島、一九八二、二一-三頁〕。しかし、「共匪」として拷問され、処刑される者は挙って「芳蘭」の名前を唱える。「大東亜共栄圏」という壮大な版図と対照的な、ローカルな「ジョホール地区」。遠く、思いの届かない指導者と、顔の見える関係のなかで交感する指導者。些《いささ》かも未来を展望させない指導者と、自らの死を賭してでも「信ずる」に値する指導者。

「芳蘭」が陳腐なほどに「天使」のように描かれているのは、その対極に陳腐なまでに滑稽な「天皇」像が見据えられていると考えれば納得がいく。亀島にとって、終戦の詔勅後の天皇は「白痴的な表情に鋳造された猫背の男」にしか過ぎず、しかし、その男がそれ以前には「現人神」として軍の頂点に君臨していたのである。この男の「愚鈍と無気力」とがそのまま、レムパン島における日本兵俘虜の「愚鈍と無気力」につながるものとして、「島」という小説は構想されたのだろう。

天皇の戯画像を反転させたものとして「芳蘭」を造形したとすれば、それはある意味では痛快であり、痛烈である。しかし、そう考えたとしてもまだ問題は終わらない。「天皇」が纏った虚偽イデオロギーとしての「八紘一宇」の対極にあった、「芳蘭」の象徴する理念とは、具体的に何だったのか。抵抗者たちを固く結束させ、未来への希望を共有させたものは、「芳蘭」が「共匪」の指導者であった以上は、「共産主義」に求めることになるのだろうか。〈白日の記録〉シリーズ「驢馬の列」の「現在」を語った場面で、野間宏を彷彿とさせるような人物が登場し、新しい人間の生き方としての「コムミニズム」が話題に上っている。現在の目から見て奇妙に映るのは、その「コムミニズム」が「エゴイズム」の対極にある「愛」として語られることである。

　「イエスの語つた「愛」より、もつと高い、もつと広い、謂わばもつと精確な、「愛」が、コムミニズムを通して人類の間に生れる。その新しいユマニテを漸く信じ得るようになつたと彼が言つたのはもう一年も前だ。そしてそれからの一年、彼の言葉は、彼のたゆまぬ実践に裏うちされ、急速に確信と決意に充ち、力強くなる。」〔亀島、一九四九f、四八頁〕

「コムミニズム」は、社会体制や社会思想というよりも、「信仰」の対象であるかのように「魂の浄化」までもが担わされている。過去を全否定して「新しい人間の生き方」を希求する時代の雰囲気の一端が窺えるように思える。

　では、現実の野間宏はどうだったのか。亀島によれば、野間『真空地帯』においては、「エゴイズム」という「悪徳」が「不治の疾病のように」、「心を蝕んでいる」ものとして措定されている。野間は、『暗い絵』以来、「人間のうちに巣くうエゴイズムを執拗に追求《ママ》し、あばきつづけて来た」〔亀島、一九五二、Ⅱ、七七頁〕と見なされる。

野間は、戦後まもなく一九四六年に共産党に入党し〔野間、一九六五、一一三頁〕、一九四九年には入党三年目にして「ほんとうのコンミュニストとなりはじめた」〔野間、一九四九c、五四頁〕という潑剌たる自覚を語っている。そして、「愛」とコミュニズムを結びつける発言もしている。

「事実昔の宗教家の中には、本当に自分自身を捨てて他を生かす愛が生れていた。……現在にあつては……このような愛が成立する根元なるものは共産党の細胞であると僕は言いたいのだが、細胞に於てはじめてひとは、互に他を欠くことのできない人間として認めることが実際的に可能となる。……細胞に於てひとは個人主義にとどまることは絶対に不可能である。」〔野間、一九四九b、六五頁〕

この発想は、マルクス主義というよりも、ビュシェなどのキリスト教社会主義系のものに近いように思われる。サン＝シモン主義から出発して、一八四八年革命に大きな影響を及ぼしたビュシェは、一八三七年の論考で、「善や献身の立場」か「エゴイズムの立場」かどちらを選ぶのかと問うている〔ビュシェ、一九七九、一〇一頁〕。いっぽう、『真空地帯』のなかでも言及されているマルクス・エンゲルス『共産党宣言』（一八四八年）では、「各人の自由な発展が万人の自由な発展の条件であるような一つの協同社会（Assoziation）」〔マルクス／エンゲルス、一九六〇、四九六頁〕が展望されていた。もはや、愛や献身の上に成り立つ「全体への奉仕」が問題なのではない〔植村、二〇〇一、一〇二―一〇四頁／田畑、二〇一四、二五八―二六〇頁〕。

ともかくも、そうした「愛」と結びつくような共産主義に対して、亀島はどんな態度を取っていたのか。「新しいユマニテ」を確信的に唱える野間宏風の人物に対しては、「然し僕には、怠け者の僕には、そんなきざしも見えぬ。何処を見ても、また何時をふりかえつても、あるのは暗く濁ったエゴの翳」（亀島、一九四九f、四八頁）として、その可能性に懐疑的である。実際の野間が語る「共産党の細胞」については次のように言う。

「「共産党の細胞」を「根元」として「成立する」「本当に自分自身を捨てて他を生かす愛」が、「真空地帯」にあって求められないのは当然である。寧ろ、「真空地帯」にあってすら「成立する」愛が「共産党の細胞」を「根元」として見事に成熟すると言うべきであろう。」（亀島、一九五二、Ⅱ、八六頁）

「エゴイズム」の世界から隔絶した理想として「愛＝共産党」の世界があるわけではなく、「エゴイズム」の世界における人々の日々の営みのなかにこそ「愛＝共産党」の世界の萌芽がありうるということだろう。「共産主義」を共産党という組織に必ずしも還元、帰着させない立場にあったように思える。「芳蘭伝説」のなかで、「共産主義」がまさに「新しい生き方」を象徴するかのように扱われながら、しかし、それを体現するのは、中国共産党でも毛沢東でもなく、マラヤ共産党ないし抗日人民軍のジョホール地区責任者という中間管理職的な芳蘭であるとした点にも、おそらくは亀島の期待と批判とが表わされている。

一九六四年、野間は、中野重治らの共産党除名に反対声明を出して、自らも除名処分を受ける。戦後すぐに抱いていた「新しい生き方」とは訣別することになる。むしろその後は、部落差別問題等をめぐって共産党との対立を深めていった。亀島もまた、戦後の一時期には除名前の野間に比較的近い思想信条をもっていたと想像されるが〔亀島、一九四八b、三七頁／亀島、一九四九e、三七―三八頁〕、「芳蘭伝説」で未解決のままに残された問題は澱《おり》のように溜まっていったのではないだろうか。

第四節　生きること・書くこと

生きることの意味

一連の〈白日の記録〉シリーズは、戦時中を扱った部分と戦後の「現在」を扱った部分との二元的構成になっていることは既に述べた。シリーズ中の「驢馬の列」や「時は停り」では、「現在」にあたる部分には、「日記」という小見出しが付けられ、日付まで添えられていることから、意識的にエッセイとして書かれているように見える。こうした文章から、亀島がなぜ〈白日の記録〉を書き、かつ書きつづけられなかったのか、そのあり様を探ってみたい。

亀島は、「まず生きること」というエッセイを書いている。「まず生きること」は亀島自身の抱負そのものでもあるという。戦場において、兵士として「生きる」ことはそれ自体が葛藤である。「戦陣訓」（一九四一年）を見ればわかるように、兵士の「いのち」は鴻毛の軽さもない。

「命令一下欣然として死地に投じ、黙々として献身服行の実を挙ぐる」ことが要求され、「生きて虜囚の辱を受け」てはならない。「生きる」ことは戦場で「死」ぬことと同義と見なされる。生死のあいだに区別はなく、「生死を超越」しなければならない。

軍隊のなかで生死の区別が否定されている以上、亀島の言う「まず生きること」は、「戦陣訓」のイデオロギーの拒否である。この戦争には「いのち」を賭ける価値はなく、どのような戦地、戦局においても「いのち」を捨ててはならない。「生きる」こと、それは、戦争そのものへの「闘い」でもあった。

つまり、戦場で「生きる」ことは自己矛盾そのものであったことになる。軍隊の指揮命令下で要求されることと自らの価値観が真っ向から対立するなかで、しかし瞬時瞬時に何らかの行動を起こさなければならない。「終戦の詔勅」を聞いて、亀島は「生きてゐてよかつた、生きてゐてよかつた」（亀島、一九四八a、七八頁）と繰り返した。「自己矛盾」が解けた瞬間だった。しかし、「生きる」ことは、戦中と戦後とではその意味が変質していく。亀島が「生きる」に込めた思いは、戦場を知らない人々にはもはや通用しない。平和時には、ただ「生きる」だけなら特段の努力は必要がないだろうと思われてしまう。亀島自身、未知の読者から次のような手紙をもらったという。

「あなたは「まず生きること」なぞと言つているが、われわれの最大の関心はそんな日常的な現実にはなくて、もつとずつと深い人間的実存（?）というようなところにある。

文学者はそのような問題について考え、答えなければならない。」〔本多・森ほか、一九五〇、四二頁〕

ある意味では至極まっとうな感想に対して、亀島は「こうゆう気分がすべての問題に集中力と持続力を欠乏させるのではないか」と憤りを見せる。思想が育まれるのは日常のなかであり、平和への「集中力と持続力」も、「生きる」という日常にかかっている。

しかし、実は亀島にとっても、「生きる」意味は戦中と戦後では当然変わってくる。戦後においては、戦場におけるような直接的な死の恐怖はなくなった。しかし、別の困難さが待っていた。戻るべき場所もなく、戦後社会に容易にアジャストできない亀島には、戦後においても「生きる」ことの困難さが身に染みる。復員して郷里の大阪に戻ると、電車のなかで見かける「何処か普通でない人」〔亀島、一九四九f、五三頁〕たちがいる。ひとり歌を唄い、窓ガラスを叩いている男、席を詰めてくれないかという他の乗客の頼みが理解できない男。「戦争」が、彼らを他者と交感できない、「普通でない人」にしているのではないか。平和な生活にピントを合わせることのできない彼らの行動は、「戦争」を内に抱えたままの亀島自身にも跳ね返ってくる。

詩人の石原吉郎は、シベリアで二五年刑を受けて八年間の抑留生活をした後、一九五三年に帰国するが、戦後日本の当たり前の光景に馴染めない。「帰還後しばらくのあいだ、私の最大の苦痛は〈競争状態〉におかれることであった。電車の座席をあらそう人たちをさえ、私は苦痛なしに見ることはできなかった」〔石原吉郎、一九八〇、二九一頁〕。逆に、電車のなかで苦痛に歪む石原の姿は、周りの乗客からは「何処か普通でない人」に見えていたことだろう。戦場から帰還した者には、平和を享受することも簡単ではない。

戦後の日常がある程度軌道に乗ってくると、「生きる」ことは「死ぬ」こととのあいだの緊張関係を失っていき、もはやそれを自己目的化することが難しくなる。対立軸のない弛緩した「生」を再び活性化させるために、今度は、ソクラテス以来の「ただ生きるということではなくて、よく生きるということ」〔プラトン、一九七五、一三三頁〕が問題になってくる。

戦後まで自分が生き延びたのに対して、死んでいった者たちがいる。戦場で「いのち」を落とした仲間やシベリア抑留から帰って来ない仲間の一人一人の顔が鮮明に思い浮かぶ。自分だけが「生き残っている」という一種の罪悪感が襲ってくる。「重きを負うに堪える愛すべき」〔亀島、一九四九f、四六頁〕奴らが死に、彼らに比べたら別段立派でもない自分が生き残ってしまうという不条理。無念にも生を断念せざるをえなかった人々の思いを、この自分が受けとめなければならないという義務感のようなものがふつふつと沸いてくる。生き残った以上は、彼らの分まで何かをしなければならない。亀島にとって戦後を「生きる」とは、死者たちとの交感のうえに「生ききる」ことを意味した。生き残った者は、図らずも一つの「特権」を手にしたのであり、その「特権」を全うする義務が生じる。自らの「いのち」は単独のものではないことが強く意識される。

死者の無念を背負っているはずの自分は、しかし、「昨日と、今日と、そして明日さえもが、同じでしかないような」日々を送っている。「小さな、然し執拗な忿《いか》り」、「暗い忿り」（同書、四六-四七頁）が自己を苛む。「生きる」ことそれ自体が、棘に突き刺される痛みを伴ってくる。*

* 亀島が論評を加えた埴谷雄高「戦後文学の党派性」には、その「補足」と称する別の論考があり、そこで埴谷は、戦後文学を次のように特徴づけている。「戦後出発した私達すべてにとって、まこと、死者こそ物言わぬ現存として私達ののっぴきならず直面しなければならぬ最初の生者だったのである」（埴谷、一九七四b、一五〇頁）。

文学の役割

戦後、太宰治の入水自殺を編集者として間近で見た亀島は、そこに大きな違和感を抱いた。溢れる才能に恵まれながら、自らの「いのち」を弄《もてあそ》ぶように、自殺未遂を繰り返し、挙げ句の果てに玉川上水で心中をする。「唯もう生きつゞけることに渾身の力を注いでいる」「なまぐさい人間」である亀島としては、「切なくて、ねえ」と言う理由で死んでいく太宰の「清潔すぎる痛々しさ」（亀島、一九九三、上、二七四頁）は理解できても、同調できるものではなかった。

太宰の死の直後、野間宏が借りていた寺の一室を訪れた際には、「壮烈なまでに散乱した部屋と、その部屋のもつ精力的としかいいようのない精気」、「蒸れる生気」を感じ取る。「何としても生きねばならぬという、生きると自らに確認しうる生を己がものにして抱きつづけねばならぬという、時には堪えがたく重いものに感じられもする、〝義務〟の声」（亀島、一九七〇、二–三頁〕を聞く。「生きる」とは、戦後の亀島にとっては文学に打ち込むことだった。

亀島が理想的な「我が文学生活」を綴った文がある。

「毎朝六時には起床し、午前、午後、本を読み、夜は八時頃から午前三時頃迄、読んだり、書いたり、出来ればと思ひます。小生の持論によれば睡眠時間四時間以上はランダ、不健康のしるしですので、出来れば残り二十時間、「文学を中心」に暮らせたらと思う訳です。」〔亀島、一九五一a、一〇二頁〕

さすがに、そんな生活ができるはずはないと断ってはいるが、これが戦後まもなくの「文学青年」気質というものだろうか。戦後文学には、現在では想像もできないほど綺羅星の如く人材が集結し、小説というジャンルが全盛を誇っていた。文学は何ら生産性をもたない不要不急の慰め事であったとしても、一九四五年八月一五日を境に価値観がドラスティックに変わった日本社会は、焼跡からの出発であったからこそ、生きる道標、精神の糧を必要としていた。戦後のベストセラーを調べれば、たちどころにその傾向性を確認することができる。一九六〇年以降は、実用書やハウ・トゥーものが幅を利かせるようになるが、一九五〇年代までは小説の全盛時代であると言ってよい。一九四八年のベストテンのなかには、九点の小説が入っている。太宰治『斜陽』〔新潮社〕、レマルク『凱旋門』〔板垣書店〕、ドストエフスキー『罪と罰』〔河出書房〕、モーパッサン『女の一生』〔河出書房〕、ゲーテ『若きヴェルテルの悩み』〔河出書房〕、トルストイ『復活』〔岩波書店〕、『夏目漱石全集』〔岩波書店〕等が並んでいる〔澤村、二〇一九、二五―二六頁〕。

しかし、そんな亀島も、「書けない」ことに悩みつづける。

「二年前の秋、僕は「白日の記録」を書いていた。書けば書く程、徒労に終るのが見えて来、それでも僕は書いていた。」〔亀島、一九四九f、五四頁〕

〈白日の記録〉シリーズの最初の段階から、亀島にはすでに一種の諦念があったことになる。リルケ『マルテの手記』（一九一〇年）の「僕は書かねばならぬ。書くことが僕の終結なのだ」〔リルケ、二〇〇一、三三頁〕を引用しつつ、「書かねばならない」という義務感と、「あんな紙屑のようなもの」〔亀島、一九四九f、五四頁〕という自己批判のあいだで亀島は葛藤する。「どんなふうに書けばいいのか。それともいっそ書かぬ方が、書こうなぞと思わぬ方が、……僕の為にもいいのだろうか」〔同書、五五頁〕。しかしやはり、書かねばならない。なぜかと言えば、「僕たちの青春を埋め葬った戦争」が「まだ完全に姿を消していない」からである。

「僕はもう一度ふりだしに返り、また二年前の秋から冬にかけてそうしたように、寝静まったアパートの小さな部屋で、「白日の記録」を書き直そう。そしてそれを再び書き改める為にも二年前のあの頃のように、いや、あの頃なぞとは較べられぬ程にも、精力的《エネルギッシュ》に生きねばならない。」〔傍点は原文。亀島、一九四九e、三九頁〕

なぜ「書けぬ」のかと言えば、生の充実がないからである。生気が漲るように、「精力的《エネルギッシュ》に生きる」ことが、「書く」ことの条件である。現に、そのように生きている人々がいる。野間宏であり、中野重治である。亀島は、詩人・作家であると同時に国会議員でもある中野の国会演説「国家公務員法案反対」〔中野、一九九八a、一〇-一四頁〕のなかに「「政治と文学」との見事に一元化した力強い美しさに充実した言葉」〔亀島、一九四九e、三八頁〕を見る。「精力的《エネルギッシュ》に生きる」ことが、文学者として生きると同時に、その文学を通して社会にコミットしていくことまで含むとしたら、亀島は自らに過大な要求をしていたことになるだろう。しかし、それが時代の要請であったのかもしれない。「政治と文学」については、戦後まもなく、『近代文学』の荒正人、平野謙と『新日本文学』の中野重治とのあいだで激しい論争があったことはよく知られている〔本多、一九六六、五四-五九頁〕。そこには、戦後の日本の進むべき方向に対する強い関心と、文学者の担うべき役割に関する自覚と責任感とが際立っていた。一九七四年時点の文壇を「繁栄の文学」として批判的に捉えた小田実は、翻って、「「戦後文学」という名で呼ばれる文学の書き手たち」が、「政治という人びとのくらしをそこに強引にふくみ込むややこしいことがらから眼をそむけようとしなかったこと」〔小田、二〇一一、一九四頁〕を高く評価した。『近代文学』の同人でありながら、中野重治に対して師と仰ぐほどの敬意を抱いていた亀島は、「政治と文学」論争の渦中にあって、ぎりぎりの思考を迫られ、呻吟したことだろう。

一方において、亀島は「文学」や「インテリジェンス」に対する根本的な懐疑をも抱いている。戦場では「文学的知識」など何の役にも立たなかったばかりではなく、逆に残虐行為から目を背けさせる口実として使われていた。「お前がとりとめなく読んできた、あれこれの、いってみれば、岩波文庫・「赤帯」〔外国文学〕、また、「藍帯」〔「青帯」のこと。日本思想、東洋思想、仏教、歴史・地理、音楽・美術、哲学・教育・宗教、自然科学〕の、それからお前が手前勝手にこねあげた、煙か、靄《もや》か、要するに実体不明のまやかし」は、「レモンを浮かせた紅茶を前にしての、埒もないおしゃべりには、結構、役立ったとしても、この獰猛といっていい生気に充満した密林では見るも無慚に無用の長物となるしかない」〔亀島、一九七二c、一三頁〕。

魂の叫びとしての文学は世相に関わりなく生き延びるとしても、それは現在のそれとはほど遠いものになっているかもしれない、という展望ももっていた。「もはや文学なぞをあながちに必要としない、文学に触れることで人生に触れようなぞとは決して思わぬ、健康で聡明な若者達」が次世代には出現することもまた見越している。人間は、「階段を一歩一歩昇って行くように、より現実的に、より実際的《プラクティカル》になつて行くことを強く望んでいる」〔亀島、一九四九f、六四頁〕。「より現実的に、より実際的《プラクティカル》に」という言葉は、オーギュスト・コントを想起させる。文学もまた人間的営為である以上は、「三段階の法則」によって、神学的段階、形而上学的段階、実証的段階という階梯を上っていくと考えられる〔コント、二〇一三、一三七‐一三九頁〕。「出来得る限りの精確さで、文学が形造られねばならぬ」と言うとき、亀島は、「文学」がある意味では最も遅れたジャンルであることを意識していたのだろう。

なぜ創作の筆を折ったのか

亀島は、たとえ一字も書かないときですら、ずっと〈白日の記録〉のことを考えてきた。しかし、「何処かに根本的な誤謬がある」〔亀島、一九四九f、六三頁〕という疑念は、「白日の記録」を書いていた二年前から一向に変わらず、自分を責めたてる。

最初の作品からして根本的な誤謬があるとしたら、それがおそらくは亀島に創作の筆を折らせた原因と見てよいだろう。何が「根本的な誤謬」であるのか、なぜ亀島が筆を折ったのか。その答えはおそらく幾通りもありうるだろう。亀島本人に問うたとしても、やはり一義的な答えは返ってこないに違いない。しかし、これまで進めてきた〈白日の記録〉シリーズへの考察を踏まえれば、本論の出す答えは既に与えられていると言ってもよい。一言で言えば、亀島が埴谷雄高世代に対して強く主張する「体験の一回性」と、亀島が最終的に描こうとした壮大なテーマとのあいだに齟齬があったのではないか。亀島にあっては、構想力が技術力を上回る。あるいは、技術力に見合わない構想力をもっている。それゆえに、小さくまとめることができない。

亀島自身、丸山眞男司会の座談会で、日本軍の残虐行為を成立させたのは、ほとんどの日本兵がそれに対して「無感覚」であったからだと主張していた。〈白日の記録〉シリーズでも、主人公はその事態に「無関心」を装う傍観者として描かれていた。それならば、たとえば、ヤセンスキー『無関心な人々の共謀』のような強烈な告発があってもよかったのではないか。

ヤセンスキーは、一九〇一年ポーランド生れ、共産党への弾圧を逃れてフランスに亡命し、フランス共産党機関紙『ユマニテ』に発表した小説で一躍著名になるが、再び弾圧から逃れてソ連に亡命、しかしここも安住の地とはならず、トロツキストとして逮捕され、獄死するという数奇な運命を辿った作家である。『無関心な人々の共謀』は未完の絶筆であり、死後十数年経った一九五六年に公表された。「ファシズムとスターリン主義との呪わしい連関——悪循環」〔江川、一九七四、二六三頁〕の解明が目指され、そのエピグラフにはこう書かれている。

「敵を恐れるな——かれらは君を殺すのが関の山だ。
友を恐れるな——かれらは君を裏切るのが関の山だ。
無関心な人々を恐れよ——かれらは殺しも裏切りもしない。だがかれらの沈黙の同意があればこそ、地上には裏切りと殺戮が存在するのだ。」〔ヤセンスキー、一九七四、六頁〕

その作中人物ロベルトは、ヒトラーがドイツ国首相に任命された一九三三年、ベルリンで自著の刊行に向けて決意する。「僕はその本に『無関心な人々の共謀』という標題をつけてやる。彼らの沈黙の同意があってはじめて卑劣や愚鈍や非道が類のない勝利を占めることができるということを、僕は見せつけてやる！」〔同書、一六一頁〕。また、エルンストは、一九三五年のパリの政治集会で叫ぶ。「無関心な人々の共謀が打ちやぶられるとき、幾千幾万の人々がその中立によって死刑執行人たちをほう助することをやめるとき、そのときこそこの地表からファシズムの悪疫は消え去るであろう。ものを考え働く人間はひとりたりとも反ファッショ戦線のそとにあってはならない！」〔同書、二三六－二三七頁〕。

ヤセンスキーのように「無関心な人々」を外側から告発するのは、構図がすっきりしている。亀島も同様の問題意識をもっていたとはいえ、「僕」ないし「志津堯志」の視点で描くかぎり、「無関心」や「無感覚」を告発することは難しい。それらを批判的に捉える作者の意思が、主人公の韜晦《とうかい》のなかに紛れ込んでしまいかねない。さらに言えば、「無関心」や「無感覚」を個々の内面から掘り下げようとすれば、その「共謀」への意思はむしろ遠ざかってしまうだろう。ひょっとすると、亀島は途方もなく困難な課題を自らに課していたのではなかったか。事実上の最後の作品となった「島」が、それまでの私小説的な作風を越えて「全体小説」を志向したことは、亀島の「足掻き」を如実に示しているように見える。

思想的に未解決のままだったのは、これまで述べてきたように、共産主義に対する距離の取り方である。「共匪」の指導者である「芳蘭」との束の間の邂逅と別れは、亀島がもっとも思い入れ深く書いた箇所のように思われる。芳蘭は、最後に思わせぶりに、「また会うかもしれません」〔亀島、一九四九d、九五頁〕と語りかける。芳蘭はこの戦争がすぐに終わるという見通しを立てていた。「驢馬の列」のなかには、敗戦直後に、旧日本軍と「山塞から出てきていた共産遊撃隊」とのあいだの「了解」がついたという簡単な記述があるが〔亀島、一九四九f、六一頁〕、芳蘭の言う「再会」は、平和が完全に回復した時点でのことだろう。そのとき、「共匪」と旧日本兵はどのような握手を交わすのか。思想的に言えば、民主主義を中心に置いて、天皇制と共産主義を布置した構図のなかで、戦場のなかの美しき神話を活かす道を亀島が示すことはなかった。あるいは、天皇制や共産主義といった「人工物」を越えて、愛国者ならざる「PATRIOT」＝郷土愛者同士の共感と連帯を密かに志向していたのだろうか〔亀島、一九四八a、六二頁〕。

いっぽう、視点を変えれば、作家としての行き詰まりは新たな展開への起点にもなりうる。亀島が「文学」に対してアンビヴァレントな態度をとっていたことは既に述べた。「文学」への徹底的な沈潜を志す一方で、「文学」が実は何の役にも立たず、やがてその姿を変えていくだろうという展望をもっていた。文学の使命が、押さえがたい内面からの「魂の叫び」の表出であるとしたら、逆に、それは「文学」ないしもっと狭く言えば「小説」という創作の形式を取る必要がなかったのかもしれない。

何よりも亀島は作家を志望していなかった。職業作家として身を立てるとしたら、「体験の一回性」や「魂の叫び」に拘泥してはいられない。亀島は、商業雑誌に寄稿することもほとんどなく、「生活の手段として書くなんて僕には莫迦げて滑稽にしか思えない」〔亀島、一九四九f、六三頁〕と当初から言明していた。そうだとすれば、創作の筆を折ったのは、一つのけじめであり、自分との折り合いをつけたに過ぎなかったと言える。「体験の一回性」や「魂の叫び」は、作家稼業以外でも追求することができる。「作家は人生の教師」〔亀島、一九六三、八七頁〕であるとしたら、作家以外でも「人生の教師」たることはできる。

第二章

絶対平和主義のジレンマ

第一節　学徒兵たちの葛藤

『真空地帯』の学徒兵

文芸評論家の栗原幸夫は、中野重治に関する論考のなかで、中野が「終戦」に際して感じた「無力感」とはどんなものだったのか、次のように説明している。

「戦争が、その戦争を始めた人間の手によって終結を迎え、その過程に自分を含めた批判的な知識人も民衆もいっさい関与できなかったという、底知れない無力感……。

この無力感は、自分たちは無傷で戦争中を過ごしてきたのではないという苦渋の記憶によって倍加され、「解放」を謳歌する若い世代にたいするはげしい苛立ちとなって爆発する。」〔栗原幸夫、二〇一〇、七八頁〕

これは、中野に限らず、軍隊生活を体験した世代が共通に感じているものだろう。亀島にもおそらくは同じ思いがあったはずである。苛酷な体験を強いた戦争が勝手に終結してしまったばかりか、敗戦後も俘虜の身となってレムパン島で労働を強いられているそのあいだに、祖国は外側から与えられた「解放」によって新しい出発を迎えた。祖国のために生死を賭けて戦った自分の与り知らぬところで、勝手に時が動いていく。ただ、亀島の苛立ちは、先に見たように、「解放を謳歌する若い世代」に対してよりも、むしろ『近代文学』創刊時同人たちを含む、軍隊体験のない一つ上の世代に向けられていた。

しかし、「世代」について言えば、亀島が最も苛立ちを隠せないのは、実は自分と同じく学徒出陣に駆り出された「わだつみ世代」に対してだった。

一九四三年一〇月、東條内閣は、「在学徴集延期臨時特例に関する勅令」を公布し、大学、同予科、高専の在学生の徴集延期を停止した。理工科、医科等の学生には、「入営延期」という措置が取られた〔わだつみ会編、一九九三、一三－一四頁〕。これによって、多くの学生が戦場へと駆り出されることになった。一〇月二一日の神宮外苑での出陣学生壮行会はよく知られている。彼らが「学徒兵」と呼ばれる。亀島も、第一回学徒出陣兵としてこの年の一二月一日に陸軍に入隊した。

亀島は、野間宏『真空地帯』に関する書評論文〔白石徹の筆名〕で、学徒兵の描き方に疑問を呈している。『真空地帯』には、「作者の学徒兵一般に対する理解困難・了解不能」〔亀島、一九五二、Ⅲ、六七－六八頁〕が見られると言う。この作品は、二年間の軍刑務所から原隊に復帰した木谷一等兵、木谷に理解を示す曾田一等兵を中心に、軍隊内部の規律と人間関係を微細に描いたものである。亀島の〈白日の記録〉シリーズと異なって、戦場ではなく内務班が舞台となっている。そこには生死に関わる緊張感も、勝利という共通の目的もなく、日常的に互いの自己保身がぶつかり合う。そのなかに、言わば脇役として、初年兵の安西二等兵らの「学徒兵」が登場する。彼らは、古参兵から見ると「お客さん」扱いではあるが、班に配膳する汁桶をひっくり返したり、門限に遅れそうになったり、逃走を図ったりと、万事手際が悪く、失態を繰り返す。その度に、学歴のない古兵から、大学へ行って先生に教わってこいと嫌味を言われ、あるいは私刑の洗礼を受ける。木谷らだけに「人間の執拗なエネルギイや野放図な明るさを委ね、学徒兵の側にそれを認めようとしなかつたことに、作者の重大な見落しがあつたのではないか」〔同書、Ⅲ、六九頁〕というのが亀島の疑念である。学徒兵らの行動は、「無意味な操り人形」のようであり、「ただ愚かしく、ただノロマにだけ映し出され一個の人間としての内容を形作るものが、頽《くずお》れているならいるで、明らかによみとれないもどかしさを屡々《しばしば》感じせしめる」〔同書、Ⅲ、六八頁〕と言う。

佐々木基一もまた同作品に対する書評論文で、学徒兵・安西の描き方に不満を漏らしている。安西という登場人物は、野間自身が「私自身の姿もはいっている」〔野間、一九五二、一四頁〕と言うように、「作者の分身」の一人として造形されているのならば、ドストエフスキーがそうしたように、「自身の中にひそむ悪の要素を作中の人物に托して徹底的にこれを糾弾しようと」する姿勢が求められる。「あのように簡単に、頭から機械人形にし、ただ作者の批判にさらされるためにのみ登場する人物として取り扱った」〔佐々木、一九五二、五六‐五七頁〕点が惜しまれると言う。

亀島の「安西」批判は、佐々木の場合よりもずっと自分自身に引きつけて行なわれている。亀島の不満は、野間の『真空地帯』以前に、『きけ　わだつみのこえ』が流布させた学徒兵のイメージに対してまずある。

「『きけわだつみの声』自身にも問題はある。……あれを一斑《いっぱん》にして、全貌を推《ママ》してもらいたくない気持がある。あれの、誤解を虞《おそ》れず言えば、意気地なしの泣言と言える根性の弱さ・精力《エネルギー》の稀薄さの部分を、全貌に押しひろげることの危険さについてである。處で、何時ともなく、僕や僕たちの不満などを素通りにして、あれが全貌を示すに足る一斑として通用している。通用していることにもますますの不満はあるが、その通説をふまえて、それに相照応するかのような気味あいで、『真空地帯』の学徒兵が創りだされたことは、一層の不満と言わねばなるまい。」〔亀島、一九五二、Ⅲ、六八-六九頁〕

『きけ　わだつみのこえ』〔東大協同組合出版部、一九四八年〕には、まず一般論として「編集」問題〔「改竄」問題と言われることもある〕がずっとつきまとっている。「戦没学生の悲劇を二度と繰り返すな」という願いを戦後の「反戦平和」へと結びつけようとするある種の政治性のために、それにそぐわない部分はカットされる等の「編集」が行なわれたからである。『きけ　わだつみのこえ』の巻頭に掲げられた渡辺一夫の「感想」がその事情を説明する。渡辺自身は、当初、「かなり過激な日本精神主義的な、ある時には戦争謳歌にも近いような若干の短文までをも、全部採録するのが「公正」であると主張した」〔渡辺、一九八二、五頁〕が、出版部の同意は得られなかった。

そうした編集方針のために「戦没学徒の実像がいかに失われてしまったか」と嘆く元学徒兵

たちもいる〔保阪、二〇二〇、一一六頁〕。「戦没学徒の人たちに軍国主義的な側面があるのはあたりまえのこと」〔同書、二九一頁〕であり、戦没学生たちの遺稿を「〈戦争反対〉という姿勢だけで読むのはおかしいのではないか」〔同書、三一六頁〕といった疑問が呈されている。

軍国主義に染まらない学徒兵とて、軍隊生活のなかに放り込まれれば、その規律と秩序に順応していかざるをえない。抵抗と馴化の葛藤のなかで、学徒兵は自己矛盾にそれぞれの方法で向き合っていくほかはない。適応不能という弱々しい抵抗によって自己矛盾の解決を求めようとする一部の学徒兵のイメージを、亀島は「意気地なしの泣言と言える根性の弱さ・精力《エネルギー》の稀薄さの部分」と表現したわけである。野間自身は、「「きけわだつみの声」のなかのあの声がどのようにしてだされたかを、いろいろと考えてほしいと思つて、力をこめた」〔野間、一九五二、一四頁〕と説明しているが、意図的に編集されたものをそのまま受け入れて、学徒兵を造形したところにそもそもの問題があったことになる。

野間は一九一五年生まれ、学徒兵より年長であり、学徒兵の内面を軍隊生活の実感のなかからではなく、『きけ　わだつみのこえ』のなかから抽出したのだろう。亀島は一九二一年生まれ、実際に学徒兵として戦場に赴いた体験をもつだけに、譲れないものがあった。「根性の弱さ」や「精力《エネルギー》の稀薄さ」といった通俗的なイメージで一括りにされてたまるかと宣言しているようでもある。

教養主義との訣別

『きけ　わだつみのこえ』に代表されるような学徒兵のイメージに対する亀島の違和感の一端は、その「教養主義」にあったと思われる。

学徒兵の世代は旧制高校時代に読書と読書日記をつける習慣をたたき込まれていたために、『きけ　わだつみのこえ』のなかにも、あるいは広くその日記類にも多くの書物が登場する（大貫、二〇〇六、二三頁）。学徒兵の日記類を丹念に調査した大貫恵美子によれば、学徒兵が読んだ著作は、アリストテレス、プラトン、ソクラテス、ストア学派等の古典から、一九世紀、二〇世紀の日本と西洋の文学や哲学まで多岐に渡るという。とりわけ学徒兵が愛読し論じた著者として、カント、ヘーゲル、ニーチェ、ゲーテ、シラー、マルクス、トーマス・マン、ルソー、マルタン・デュ・ガール、ロマン・ロラン、レーニン、ドストエフスキー、トルストイ、ベルジャーエフ等の名前が挙げられている（同書、二四頁）。まさに、世界の哲学と文学の古典群であり、学徒兵たちは、そうした世界に浸ることで、一時、戦争や軍隊の現実を忘れることができた。

亀島自身も、同じような読書体験をもったに違いないが、亀島は、岩波文庫の「赤帯」（外国文学）や「青帯」（哲学・思想等）に代表されるような教養が、生死を分ける戦場において何の役にも立たないと語り、インテリジェンスが却って日本軍の残虐行為から目を背けさせる効果までもってしまう実態を描いた。ところが、敗戦後、レムパン島抑留の俘虜生活のなかで、たまたま古い『日本評論』（一九四一年一月号）が亀島の手許に渡ってきた。そこに、中野重治「ペタンと安藝海」が載っていた。「のんべんだらりと帰還の船のくるのを待つ」状況だったというのだから、島の開拓も軌道に乗り、飢餓からも解放されていた頃だろう。日本兵のあいだには精神の弛緩が訪れていた。その精神状態を「「ペタンと安藝海」が搏《う》った」、「私の心が震えた」〔亀島、二〇〇七、八頁〕。

「その時の打撃は大きく、重い棍棒のそれの如くにあり、同時に、漠たる未来を指示する光明の如くにもあり、その後の人生に深く関わった。」〔同書、八頁〕

「ペタンと安藝海」は、「楽しき雑談」という連続エッセイの六回めに当たる。『中野重治全集』版では一〇頁に満たず、双葉山の七〇連勝を安藝海が阻んだという大相撲の話題を枕にし、フランスの老元帥ペタンが首相の座に就いたその日にドイツに降伏を申し入れたことから、「ドイツの第五列」、つまりドイツと裏で通じていたのではないかという軽口が叩かれたという点から考察を始める。主たる対象になっているのは、アンドレ・モーロワ『フランス敗れたり』（一九四〇年）である。フランスの敗因について、兵器の量質、政治家同士の対立、政治家の民衆からの乖離等々、面白く書かれてはいるが、ただの「よみものに過ぎぬ」と断じられる。フランスでは一九三六年に「人民戦線内閣」が成立し、その後共産党は非合法化される。こうした事態を、大革命以来の共和政の理念と歴史に照らしてどう考えるのかという肝腎な点がすっかり抜けていることを中野は衝いた。*

＊　いっぽう、フランスやスペインの人民戦線運動を積極的に紹介したのが、中井正一、武谷三男、新村猛らが編集し、一九三五年から三七年までつづいた月刊の『世界文化』誌である。これは、『土曜日』誌と合わせて、久野収や鶴見俊輔から、戦後の市民運動の源流として評価されることとなった〔高草木、二〇二三、二八八―二八九頁／久野、一九七五、一八〇頁〕。

しかし、言ってみれば、それだけの短いエッセイである。一読したかぎり、岩波文庫の赤帯や青帯を足蹴にした亀島が「心が震えた」とまで言うことがどうにも解せない。しかもその感動ぶりが尋常とは思えない。

「文学に対する、人生、人間、世界に対する、確かな、基本的な、目がひらかれた。その夜、心は、一九四三年一二月一日、軍隊入隊以来の暗鬱な空漠が充たされ、解放され、私は充実した満足の眠りに褁《つつ》まれた。」

「己の在り方、生きよう、世界の出来事、総じて人・事・物にたいする対しよう、それらすべてに関わる、己のだらしなさ、いい加減さにたいする容赦ない打撃、といっていいものであった。」〔亀島、二〇〇七、八頁〕

「ペタンと安藝海」のどこに「心が震えた」のかは具体的には書かれていない。ただ、「軍隊入隊以来の暗鬱な空漠」が充たされたと言う以上は、亀島自身の戦争への姿勢そのものが、中野によって打ち砕かれたということなのだろう。

「この戦争を不条理なものとは心得ていた。こんな馬鹿げた戦で死んでたまるかと思ってもいた。軍隊は私の考えの誤りでないことを正確、深刻に教えた。私は兵士として、後に最下級の将校として、無能である以上に、精神において、忠実でも、真摯でもなかった。……部下の兵士に「戦争はまもなく終る。だから死んではならぬ。命あっての物種」と告げたに過ぎぬ。」〔同書、八頁〕

「まず生きること」が戦後においても亀島の信条であったことを考えれば、部下に対して「死んではならぬ」と告げたことは後悔の種にはならないはずだし、戦争が不条理であるという認識も改める必要がない。では何が問題だったのか。モーロワ『フランス敗れたり』への中野の批判から推してみると、「戦争が不条理」であることを先験的に断じるだけでは物足りないと言うことではないか。ペタンを「ドイツの第五列」とするような「デマの征伐」には国民の判断力の強化が必要であり、そのことに「文学・芸術」が大いに役立つことになる、と中野は説く。「肝腎なのは、厄介な事態に面して、ああも考え、こうも考え、またいろいろに想像をめぐらしたりもして、一つの正確な結語へじりじりと近寄って行く能力」〔中野、一九九七a、四七六頁〕だと言う。

亀島は、中野のこのエッセイをきっかけにして、「書き手」としての志を立てる思いを新たにしたのではないだろうか。学徒兵たちの読書が往々にして現実逃避的な受け身の教養主義であるとすれば、亀島はここに、「国民の判断力」の強化に資するものとしての文学の価値を見いだすに至った。それこそが自分の目指すものであったことをレムパン島の怠惰な日々のなかで発見した。

そして、もう一つ忘れてならないことは、このエッセイが一九四一年、戦時中に書かれたことである。中野は、レオン・ブルム「幸福なる結婚」掲載の『婦人公論』一九三七年九月号が発禁処分になったことを、「ブルムの論旨は人倫にそむいていた」として、是とする判断を示す。ブルムの論説は、『結婚について』（一九〇七年）からの抜粋で、一言で言えば、恋愛と結婚の区別・分離を説いたものである。人間の性生活には、「性的本能の欲求、若さの流出を自由にしてやる」（ブルム、一九三七、七一頁）べき第一期と、一夫一婦制度に相応しい第二期とがあるとして、結婚前の「純潔」を守るという性道徳を真っ向から否定した。ブルムの著作は、本国フランスでも保守派から「背徳的」（新居、一九五一、三二一頁）との非難を浴びたと言う。現在の目で見れば、さほど刺激的な内容とも思えないが、当時の日本では「発禁処分」が下されるほどにセンセーショナルなものだったのだろう。中野のブルム批判の是非はともかくとして、重要なことは、彼が最後にこう付け加えることを忘れなかった点にある。

「日本における「生めよふやせよ」なんかが、ブルムの眼に見えぬ裏返しなんかになっては決してならぬということが肝腎なのである。」（同書、四七七頁）

ブルムの論説を斬るその返す刀で、ブルムの対極にある戦時日本の政策が「人倫にそむいて」いないかどうかを問題にしている。身近な大相撲の話題から始めて、モーロワやブルムといった外国の作家を題材にしているように見えて、実は最後に付け加えた短い文章が主眼であるような構造をとっている。亀島は、そのさり気ないタッチの文章のなかに、実際に「国民の判断力」を涵養する作家の批判的精神の真髄を見いだしたのだろう。

もちろん、ロマン・ロランであれ、トルストイであれ、世界の文豪たちの作品には、読者にとって「心が震える」箇所がないはずもない。しかし、所詮は翻訳というフィルターを通してでは、遠い異国の作家の佇まいや息遣いまでが読む者の心の襞にまで分け入ってくるような感覚を味わうことは難しい。同時代に生きる日本人の作家であるからこそ、その人の「作家としての志」までもが、自分自身の志と肉感的に共鳴しあうものとなった。亀島は、おそらくその時点で、中野を文学上の「師」と見定め、その一方で弱々しい「わだつみ世代」と袂を分かつ意思を固めたのではないだろうか。

「わだつみ会」への違和感

一九四八年に東大協同組合出版部から刊行された『きけ　わだつみのこえ――日本戦没学生の手記』は、その後、一九五九年に光文社カッパブックス、一九八二年に岩波文庫と版元を変え、「怒濤のような反響」を呼んで二〇〇万部を超えるロングセラーとなった〔山下、一九九三、五〇頁〕。一九八八年には、『第二集　きけ　わだつみのこえ』が岩波文庫より刊行されている。

同書の印税の一部を基金にして、一九五〇年に結成されたのが日本戦没学生記念会、通称「わだつみ会」である。一九五三年、同会の安田武が、学徒出陣一〇周年に際して、朝日新聞に「一世代を越えて学徒不戦の誓い」を提唱した。これが各大学に浸透して、一二月一日が「学徒不戦の誓いの日」となり、この日に「不戦の集い」が毎年開催されるようになった。同年、立命館大学には「わだつみ像」が建立されている。

このように概観すれば、「わだつみ会」は「占領下の日本にあって、「反戦平和」の拠点のひとつ」（保阪、二〇二〇、二三頁）を形成したと評価される。しかし、そのこと自体、さまざまな矛盾を孕んでいた。その矛盾の一つが露わになったのが、一九六九年五月二〇日、立命館大学に設置された「わだつみ像」が破壊されるという事件である（第三章参照）。

では、「わだつみ世代」の一人である亀島にとって、「反戦平和の拠点」たる「わだつみ会」の何が問題なのか。「わだつみ世代」に対する違和感はどこにあったのか。

「私のそれ〔世代〕は、ヤスモノ言葉で、「わだつみの世代」なぞと言われたりしている。いうまでもなく、『きけ、わだつみの声』一巻に由来する。そこで、私は、安田武、その同類の、私と同世代に属する「青年たち」に関する発言・意見の類いの、例外なき一切に、迷惑と閉口とを、より率直にいって、我慢しがたき腹立ちと笑止とを覚えつづけてきた。それは感傷的であることによって、全く侮辱的であり、しかも、自らその愚劣に薄汚れた感傷に一点の懐疑も有せぬことによって、厭悪すべき醜に陥っている。」（亀島、一九七三、九頁）

亀島は、『きけ　わだつみのこえ』以上に、「わだつみ会」とくに安田武にはわだかまりをもっていた。安田は、一九五九年に再結成された第二次「わだつみ会」の中心人物であり、常任理事を務めている。安田は自分たちの世代の「悲劇」、とりわけ戦没学徒兵の「悲劇」の語り部になることに、自らの義務を見いだしている〔安田、二〇二一、三三頁〕。勉学の途中で戦場に駆り出され、そこで無念の死を遂げた朋友たちは、「悲劇の主人公」に他ならない。単なる国家の犠牲者、被害者というだけではない。その「悲劇」的な運命を切り拓いていくべき崇高な使命すら自覚していたと述懐する。

「悠久の大義に生きる、ということがいわれ、生きるとは、とりもなおさず死ぬこと、国家のために死ぬことであった。絶対にのがれることをゆるされぬこの運命の背理に、どれほど多くの若者たちが、悩みもだえたことであろう。回避を許されぬ死を納得するために、若者たちは、若い知能のあらんかぎりをふりしぼって悩み、考えぬいた。そのうめきに似た思索の断片が『きけわだつみのこえ』に収録された戦没学生の数々の手記である。」〔安田、一九六九、一〇四–一〇五頁〕

同じ一九二二年生まれの鶴見俊輔は、安田の朋友と言ってもいい間柄である。八月一五日に一人が坊主頭になるという儀式を一九六二年から一五年にわたって鶴見とともに行なったのが安田と山田宗睦だった〔鶴見、一九九一b、四六七頁／鶴見、二〇〇六、一二頁〕。鶴見が事実上主宰する「思想の科学研究会」でも、安田は一九六四年より二年間、その会長職を務めている。しかし鶴見は、『きけ わだつみのこえ』に対しては、「共感をもちたいけれども、同時にここを越えたい」というスタンスを取る。そこに「軍国主義批判の言葉をのこした」学徒兵も、その底に「無条件の順法精神」をもっていて、そうした「善意のヒューマニズム」は、結局「抑圧と弾圧を擁護する思想」にしかなりえないのではないか、と踏み込んでいる〔鶴見、一九六八、九頁〕。安田の描く崇高なる学徒兵のイメージに疑義を呈し、その実像に迫ろうとしている点で鶴見と亀島のあいだには通底するものがあると言えるだろう。

ともかくも、安田の「悲劇の主人公」という像からは、戦没学徒兵たちの「加害性」、戦争責任という視点はすっぽりと抜け落ちてしまう。

「おびただしい若者たちの、……かけがえない青春を奪うことによって、戦後日本の若者たちの自由と幸福が約束されたのだ。この一事を忘れて、あるいは識らずして戦後の日本に生きることは、生残った私たちを含めて、恥知らずなことだといわねばならない。」〔安田、一九七三、五五頁〕

〈白日の記録〉シリーズを一読すればわかるとおり、亀島には学徒兵を「悲劇の主人公」と見る発想はまったくない。戦場で起こっている「残虐行為」に対しても、加担しないというだけで、ただ傍観している情けない主人公が描出されている。「崇高な使命」どころか、単なる「悲劇」とも捉えられていない。「共匪」や「匪化民」に対しては、明らかに「加害者」の側にいることが自覚されている。

「わだつみ世代」の犠牲のうえに戦後の若者たちの「自由と幸福」が約束された、という歴史認識は、実は「わだつみ会」の内部分裂をもたらすほどの大きな問題となっている。一九九五年に岩波文庫より、新編集の『新版 きけ わだつみのこえ』が刊行されるが、その新版に多数の「改竄」があるとして、「わだつみ会」と岩波書店が提訴されるという、いわゆる「わだつみ訴訟」が一九九八年に起きる。原告は、『きけ わだつみのこえ』刊行を推進し、長く「わだつみ会」の中心にいた中村克郎元理事長と元常任理事であり、単なる編集・改竄問題を越えた思想的対立があったことを窺わせた。訴えられた側の当時の理事長・水田洋は、「中村理事長の背後にあるのは、戦死者は英霊である。英霊に対して侵略者とは何事だ、加害者とは何事だという考え方」（水田、一九九九b、八五頁）であるとし、学徒兵の「加害者性」や「戦争責任」問題が重要な対立点であることを明確にしている。こうした問題は、「わだつみ世代」の後の世代で軍隊体験のない高橋武智らによって早くから指摘されていたが（古山・石井ほか、一九六八、一八頁）、一九九〇年代に入ってから顕在化した（福間、二〇〇九、二三三―二三六頁）。一九四三年に「学徒出陣」で陸軍に入隊した石田雄も、「軍隊というのは人殺しをする組織である」という基本認識に基づき、戦没学徒兵を追悼するのであれば、「その兵隊によって殺された人、あるいは殺される運命にあった人のことを」一緒に考えることが必要ではないかと提言している（『わだつみのこえ』一三八号、八八―八九頁）。

「わだつみ世代」それぞれ

さて、安田武に強い違和感をもつ亀島が、逆に激しく共感するのが高崎隆治に対してである。高崎は、わだつみ会編『今こそ問う天皇制――幾千万戦争犠牲者の声に聴きつつ』（筑摩書房、一九八九年）に論考「学徒兵の四十年――遊底を聞き残弾をかぞえる」を寄せてはいるが、『きけ　わだつみのこえ』や「わだつみ会」に対する舌鋒には容赦がない。その高崎を亀島は次のように評価する。

「高崎隆治の『戦争文学通信』を、あるいたましさ・つらさと共に、諒解の疼きの中で読み進む。彼の、日本、及び、日本人に対する、猶予ならぬ忿懣《ふんまん》―嫌悪、『きけわだつみの声』に代表される「戦中派世代」に対する、抑えがたい嫌悪の情、天皇憎悪、その他、その他。それらは決して広闊《こうかつ》な展望や柔軟な戦略や、周到な配慮や、総じて「節度を保っている」「端麗」というものではあるまい。高崎は苛立ち、自棄に近い決断に迫られ、自らの孤立を喞《かこ》ち、嘆き、呪詛すること、一再に止らぬ。「戦争文学」へのうちこみは一個の執念であり、その意味で彼は「憑かれた魂」といえる。それは八方破れのままに窮屈だ。しかし少くとも、そこにはゴマカシやミセカケといった、暢気な詐術はない。」（亀島、一九七七、八九頁）

高崎は、この『戦争文学通信』（風媒社、一九七五年）だけではなく、『戦時下文学の周辺』（風媒社、一九八一年）、『戦争と戦争文学と』（日本図書センター、一九八六年）等、戦争に関わる論考や資料を憑かれたように多数出版してきた。亀島が「あるいたましさ・つらさと共に、諒解の疼きの中で読み進む」というのは、ほぼ同年代の高崎が戦争に関する一切の事柄に対して激しい呪詛を浴びせる「自棄に近い」その姿に向けられたものと考えることもできる。確かに、そうした側面がないとは言えない。しかし、高崎が自分と同じ「わだつみ世代」を嫌悪するのは、その特権性への批判が根底にあることに留意しなければならない。

高崎は、「学徒兵」という言い方を好まない。一九二五年生まれ、法政大学予科在学中の一九四四年、一九歳で入隊するが、それは「「学徒」の特権を意志的に用いなかったただの兵士としての」（高崎、一九八一、八六頁）入隊だった。徴集猶予の特典がなくなった時点で、徴集に応じて下級兵となるよりも、幹部候補生等に志願したほうが、軍隊内部での地位が違ってくる（高崎、一九七五、二〇六–二〇七頁）。なぜ、そうした特権を拒否したのか。文学者志望の高崎は、「指揮官（たとえ下級の将校でも）となって、その生命にかかわる命令を人に下すということの重大さに気づいていたことがまずあって、つぎに、その立場では、人間をみることも自由にものを考えることも不可能であると思っていたから」（高崎、一九八一、八七–八八頁）だという。

「特権の上に乗っかって、まともに戦争の意味も考えようとしなかった志願学徒を、私は断じて許さない。戦中は言わずもがなだが、戦後もまた今日まで、私が仲間たちから孤立をしている原因はそこにある。許さないと言うより、それは許せないのだ。「歴史の局面を青年の手で打開しようとした」などという文章を読むと、私はたちまち吐き気をもよおすのだ。はっきり言うが、志願した学徒兵などは、ただ、少しでも楽をしたかったのだし、偉ぶりたかった（なんと幼稚なことか）のだし、カッコよく死にたかっただけである。」〔傍点は原文。高崎、一九七五、四七頁〕

亀島は、高崎の激昂に強い同意を示しているように見えるが、実は、亀島自身は、高崎の言う「志願した学徒兵」だった。一九四四年五月、東京帝国大学文学部国文学科在籍中に、仙台陸軍予備士官学校に入学した甲種幹部候補生である。高崎から見れば、亀島は「わだつみ世代」のなかでも「許せない」特権者だったということになる。* もちろん、そのことを亀島は充分に意識していることだろう。だから「諒解のうずきの中で読み進む」とは、高崎と同じように文学を志しながら、特権への批判をもちえずに特権を利用した自分自身に対する呵責なき批判を、「諒解のうずき」とともに受け入れたということが含まれるのではないだろうか。

＊ 「エリート」のなかにも当然階層はあり、東京帝国大学文学部独文学科に進んだ山下肇は、「当時大部分の学生は理工系でなければ法経を選び、文学部のように軍に入ってもただの幹部候補生になるだけで最前線の突撃小隊長にしかなれないのでは愚の骨頂と考えられたのだが、私はその愚の道を選ぶことしか考えない文学青年、教養青年だった」〔山下、一九九三、四二頁〕と述べている。

そのように自己批判の棘に苛まれながら高崎の著作を亀島が読んだとすれば、自分たちの「特権」など意識の端にも上らずに、運命の背理に悩みもだえた「わだつみ世代」の鈍感さは、我慢ならぬものとしてあったに違いない。しかし、亀島が「わだつみ世代」の代表のように扱っている安田武は、実は軍歴において「特権」をもっていたわけではない。上智大学在学中の一九四三年一二月、「学徒出陣」で北朝鮮の羅南師団に入隊しているが、「幹候には落第して一兵卒だった」〔日高・上山ほか、一九六七、三七頁〕と告白している。幹部候補生に志願したこと自体は高崎の批判を免れないとはいえ、実際には一兵卒として戦争に参加し、一九四五年八月一五日早朝のソ連軍との銃撃戦では自分のすぐ隣にいた兵隊が顔を撃ち抜かれるという経験をもつ〔安田、二〇二一、九-一〇頁〕。その後安田はソ連軍の捕虜となり、一九四七年の春に帰国する〔日高・上山ほか、一九六七、三七頁〕。

亀島が、安田の軍歴について知らなかったとは考えにくい。安田の著作に現われる「一兵卒」という言葉を亀島が見逃すはずはない。とすれば、高崎の言説に乗って「わだつみ世代」に対する嫌悪感を吐露するその矛先は自分自身に向かってくるだけではなく、その屈折した自己嫌悪に媒介されて、安田らへの裏返された共感がそこに潜んでいたとも考えられないだろうか。たとえば、安田はこう言っている。

「私は軍国主義に、烈しい嫌悪と憎悪の念をもやしていたから、東条英機の命令で死なねばならぬ自分を、どうしてもゆるすことができず、親しかった友人と、最後の時まで、「生きねばならぬ」と誓い合った。しかし現実には、私自身、軍隊の最下級の一兵卒になって、軍務と命令に服従する以外に生きる方法はなかったのだから、私たちの誓いは、

どこか自己欺瞞の影を宿している。」（安田、一九七三、四〇頁）

亀島もまた、先述したように「まず生きること」を座右の銘に掲げていた。その一見陰影の見えにくい言葉は、安田の「生きねばならぬ」と同様に、軍国主義への烈しい憎悪に裏打ちされたものだった。そしてそこに「自己欺瞞の影」のあったことへの憤懣や自嘲や諦念は、同じ「わだつみ世代」だからこそ分かち合えるものだったのではないかと思われる。

第二節　反戦平和論への懐疑

田村泰次郎「青白い腕」

亀島は、日本が平和国家として再出発したことに異論を唱えているわけではない。むしろ、戦場に駆り出された者として、平和を尊重することにかけては人後に落ちない覚悟をもっている。そして、文学者の使命として、「作品そのものの力によつて実質的に平和をまもつて行くということ」（亀島、一九四九g、七三頁）を主張する。

亀島が具体的にグレシャムの「悪貨は良貨を駆逐する」に準えて、「悪貨」文学として挙げているのは、吉川英治『宮本武蔵』（六興出版社）である（同書、七三頁）。『宮本武蔵』は、一九四九年のベストセラー番付で、マーガレット・ミッチェル『風と共に去りぬ』（三笠書房）、谷崎潤一郎『細雪』（中央公論社）につづいて第五位を占めていた（澤村、二〇一九、二六頁）。確かに、剣豪物は、世界の「名作」のなかに並べられると異質の感は否めないが[*]、亀島が主張しているのは、文学の社会的機能についてである。「すぐれた文学がすべて例外なく反戦・平和的であることは、文学そのものの性質・機能からいつて、あらためて言うまでもない」〔亀島、一九四九g、七三頁〕。

＊　吉川英治『宮本武蔵』は、沢庵和尚や愚堂和尚との交流を描く等、武蔵の求道者的側面も描いているが、亀島は、「通俗文学」の「道徳的教訓」性にも違和感を抱いているようである〔亀島、一九八一、五三頁〕。

田村泰次郎「青白い腕」については、田村の「雑多な小説の中でも特に読みでのない小説の一つ」と酷評しつつ、その戦争観・平和観を問題にする。亀島は、この作品の主人公・曾根平吉の見解を田村自身のものと受け取り、「彼の小市民的まともさ・愚かさをも明白に批判し得る」〔亀島、一九四九g、七五頁〕と厳しい言葉を浴びせている。

「青白い腕」の主人公・曾根は、三年前、一九四五年八月一五日に戦死した戦友・高野清秀の命日に高野家を訪れる。物語は、遺族との会話を軸にし、戦時中の回想を織りまぜながら、曾根の戦争観・平和観、もっと正確に言えばその「矛盾」が表出される。「戦争の惨禍は、長年戦場に生きてきた彼には、ほかの誰にも負けないくらゐに骨身に徹して感じてゐる筈である」が、では、現在戦争に反対する行動に乗り出すかと言えば、それには躊躇する。現在享受している「家庭の平和」を少しでも危うくするような行動は取りたくないという保身がそうさせている〔田村、一九四八、六一頁〕。だが、「矛盾」はそれだけではない。

タイトルの「青白い腕」は、一つには、戦地で肩甲骨を砕かれた曾根の右腕が青白く、生気がなくなっていることを指している。戦場にいた頃のその腕は、「まつ黒に、陽に焼けた、筋肉のもりあがつた腕」〔同書、六三頁〕だった。変わり果てた腕を見て、曾根は呟く。「これが平和か、――彼はなんともいへない憂鬱な気持を覚えた」。その腕を妻に揉んでもらいながら、「このいまの自分の静かな生活に、次第にゐたたまれないやうな、狂はしいやうないらだちを覚えて、胸ぐるしくなつてきた」〔同書、六三頁〕。このように、この小説は結ばれている。戦争の惨禍を直視し、戦争を「つくづく、いやだ」〔同書、六一頁〕と思いながら、「青白い腕」に象徴される、腑抜けたような戦後の平和のなかにあって、逞しく、生命が漲っていた戦場での生活を懐かしく回想する。ステレオタイプの「平和主義」に寄り掛かることのない、アンビヴァレントな姿勢には嘘がない。生身の人間の偽りのない感慨がある。

しかし、だからと言って、亀島は田村を肯定しているわけではない。この板挟みの焦燥を突き破るために何が必要なのか、を問いつめる。「一向に変りばえのせぬ貧弱な「肉体」や、不精確で観念的な彼「自身の人間的資質」なぞに凭《もた》れかかることなく、もつとずつと精確な「戦場の体験」や「戦場における人間の様相」を豊富に、また精確に、書くべきであろう」〔亀島、一九四九ｇ、七六頁〕と追及する。

とは言っても、本作「青白い腕」は短編であり、回想する戦場シーンも限られている。高野が戦死した日の戦闘で、曾根は隣の兵隊が腰に白い大根のようなものをぶら下げているのに気づく。それは、その日戦死した矢住の腕だった。それを斬りとって、一緒に戦っていたのだ。曾根自身の現在の「青白い腕」は、死んだ矢住の「青白い腕」と重なっている。どちらも、「死んだ腕」として。

田村泰次郎は、亀島より一〇歳年長であり、亀島がこの批評を書いた一九四九年には既に有名作家だった。『肉体の門』(一九四七年)は一〇〇万部を超える大ベストセラーとなった。舞台化も映画化もされ、田村の名前は一世を風靡した。「青白い腕」も別段非難されるような作品とも思えない。その田村に向かって、敢えて過剰とも言える手厳しい批評を書く挙に及んだのは、一つには、亀島の側に、自分自身を激しく鼓舞する狙いがあったと見るべきだろう。〈白日の記録〉シリーズの完成が一向に見通せない状況において、しかし亀島は真摯に、一途に「文学」に向き合っていた。「戦場の体験」や「戦場における人間の様相」を突き詰めることが、亀島の課題だった。

『近代文学』の反戦平和論

鶴見俊輔は、埴谷雄高と亀島貞夫について論じた論考のなかで、「彼〔亀島〕の近代文学批判というのはおもしろいんだが、それはきょうの主題と関係がない」(鶴見、一九八一、六九頁)と述べている。それ以上何の付言もない突き放した物言いだが、亀島が『近代文学』を批判したのは、その「反戦平和論」に限られよう。そして、その批判は、鶴見自身の平和主義にも関わっているものと考えられ、中途半端な言及はできなかったのではないかと想像される。

さて、亀島が田村の「青白い腕」を酷評するのには、もう一つの意図があった。『近代文学』の「反戦平和論」が田村にも及ばないと断定することで、その酷さを最大限に際立たせようとしたのである。『近代文学』一九四八年八月号・九月号に載った「文学的と見せかけようとすることで却ってもっとも非文学的な低み、曖昧さ・不精確さに落ち込んでいる一連の文章」（亀島、一九四九g、七五頁）に比べれば、田村のほうがまだフェアプレイを守ったものと認められるという。「フェアプレイ」とは、自身の戦争体験に基づく真摯な実感の吐露と見てよいだろう。

では、亀島が全否定する『近代文学』の「反戦平和論」とは誰が書いたものなのか。一九四八年八月号では、平田次三郎「戦争は終れり」と氷上《ひがみ》英廣「平和の擁護」という論考が載っている。二人ともドイツ文学者である。

平田は、原爆によって終焉した第二次世界大戦の経験から、「人類史上の一切の戦争は終れり」という発想をもたねばならないと説く。戦争発生の原因を社会科学的に考察することは、むしろ戦争の不可避性を結論づけることになる恐れもあり、それ以上に重要なことが、戦争の種子とも言える「暴力」を絶対に否定する倫理観を全人類のものとすることであると考える。そこに、「知識人」、実質的には文学者の役割があり、「知識人は、いまや、平和運動の先頭に立つて進まねばならない。その啓蒙に、その実践に、一切の知能を傾けねばならない」（平田、

一九四八、七頁〕。

「暴力」と「戦争」を短絡させる平田の考察にはかなりの無理があるように思われる。ガンディーでさえ、「暴力」を絶対的に否定してはいなかった〔ガンディー、一九九七、第一巻、五一―五二頁〕。社会科学者に対抗する文学者の役割を重要視する論調は、逆に文学者の役割を貶めてしまってはいないだろうか。

氷上は、『近代文学』の同人ではない。旧制第一高校教授から東京大学教授となり、ニーチェの研究や翻訳で知られる。氷上もまた、平田と同様に、平和の問題は、「その根拠に倫理的宗教的な理念」が存在しなければならないと説く。しかし、日本の現状は、「戦争の哲学はあつても、平和主義の哲学ははるかに薄弱」であり、「徹底した反戦主義文学の根柢になる理念」はいまだ存在しない。「平和はまさしく晦暗」、「まことに平和は晦暗」ではあるが、「かかる晦暗を通して、平和を擁護することが、今日ほどその深い根源から要請されてゐる時代はない」〔氷上、一九四八、一三頁〕と結論づけている。

「晦暗」は「はっきりしない、明確ではない」という意味だろうが、『広辞苑』にも載っていない。「暗晦」ならば載っているが、「くらいこと」としか説明されていない。そんな曖昧な言葉をキーワードにして、結局レトリックに逃げた「晦暗」で衒学的な論考になっているように見受けられる。典型的な「大学教授」の文章と言ってもいいかもしれない。

平田や氷上は、戦後三年、いまだGHQの占領下にあって、先の戦争をどのように総括するかについて、一言も語っていない。彼らにあっては、「文学者」という立場はあっても、「日本国民」という立場は事実上何ら表明されてはいない。亀島ならずとも、彼らはいったい戦時中に何を行ない、何を考えていたのかを問いかけたくなろうというものである。

ただ、亀島が憤然と怒りをぶつけるのは、一九四八年九月号の「われわれは戦争をかく見る」という小特集のほうだろう。そこに、原民喜、安部公房、武田泰淳、久保田正文、椎名麟三の五人が短文を寄せている。

たとえば、安部公房「絶望への反抗」。核兵器や細菌兵器の出現によって、死が「なにか透明ないつさう摑みにくいものに変つていくのだが、それは恋人が結婚によつて変貌するのに似てゐはしまいか」〔安部、一九四八、二四頁〕。「陳腐」としか言いようのない、情けない比喩である。あるいは、精神病の治療として前頭葉を切除する外科的治療に言及して、「平和といふ複雑な問題をいきなり取上げなくても、その前頭葉の秘密を発見することで僕たちの抵抗の意味が案外判然り出て来るのではないだらうか」と言う。戦争という社会的事象も、個体の生理学的機能に帰着しうるとでも言いたいのだろうか。安部はこの年東京大学医学部を卒業していて、医学の最新知識を披瀝したかったのかもしれないが、*ともかくこの論考を見るかぎり、安部が戦争と平和の問題を真摯に考えているのか疑いたくなる。

＊　オーギュスト・コントの「社会学」への先導的役割を果たしたサン-シモンは、個体の生理学に発想を得ているとはいえ、社会的事象を個体レベルに還元させる発想はなかった。「社会的諸関係を生理学的現象と

して考察すること」がその主眼である〔サン‐シモン、一九八七、六一頁〕。なお、日本では「ロボトミーを中心にした精神外科は、一九四六～四七年頃に少数の大学医学部およびその関連精神病院で始まり、四九年頃までに全国の大学病院および中心的精神病院で行なわれるようになり、さらに五〇～五一年までの間に、一般の精神病院にも広がっていった」〔橳島、二〇一二、七一頁〕と言われている。

あるいは、久保田正文「胃袋をたほせ」。胃袋こそが「唯一絶対の愚劣の根源」〔久保田、一九四八、二五頁〕だと言う。胃袋とは、欲望の比喩なのだろうか。ともかくも、「僕は真剣に、胃袋を消滅させることこそ、人類の最もけだかく、美しい任務だと思つてゐる」とのこと。「胃袋を滅ぼす為の戦争！　今こそ僕は、主戦論者の宣言を行ふ」〔久保田、一九四八、二六頁〕という結論の前に、どんな反応を示したらよいのだろう。「胃袋を滅ぼす」とはいったい、具体的に何を意味するのだろうか。

「文学的と見せかけようとすることで却ってもっとも非文学的な低み、曖昧さ・不精確さに落ち込んでいる」という亀島の評価は正鵠を射ていると言ってよい。「言葉遊び」によって現実の問題をおちゃらかしてしまう文学者の醜悪な姿を見る思いである。

安部公房における戦争と平和

しかし、たとえば、安部公房が戦後の平和について、無知で無頓着であったとは考えられない。「終戦」時に安部は満洲にいて、一九四六年一〇月に大連から引揚船に乗って帰国するという経験をもつ。「終戦」後の無政府状態の満洲では、「耳スレスレに弾丸を打たれたこともある」〔上野・小林ほか、一九九七、六六頁〕という。帰国した後は、「デンドロカカリヤ」で、亀島の「白日の記録」等と並んで、第一回戦後文学賞（一九五〇年）にノミネートされ、翌一九五一年には、「赤い繭」で第二回戦後文学賞、「壁――S・カルマ氏の犯罪」で第二五回芥川賞を受賞している。三作品とも寓話的形式のものであり、リアリズムの対極にある作風で知られているとはいえ、安部が現実の政治に無関心であったわけではない〔呉、二〇〇九、六五―七五頁〕。一九五一年に日本共産党に入党していることもよく知られている事実である〔鳥羽、二〇〇七、一二三頁〕。

先の「絶望への反抗」と同じ一九四八年に、「平和について」というエッセイを発表している。まだこの時点では「わだつみ会」は結成されていないが、「平和への意志を総ての人間に植えつけることで戦争を防ごうとする臆病な錯乱者の集いがある。如何にも平和な人間の考えそうなことだ」〔安部、一九九七a、五七頁〕と、「平和主義者」を痛烈に皮肉っている。最後は、こう結ばれている。

「平和は「君」にとって問題であるかも知れぬが「僕」にとってはさした問題とはならぬものらしい。しかし「君」の問題は「僕」にとっても重大な問題なのである。附加えておくと僕の中の「君」は世界政府を夢見ているようだ。」〔同書、五八頁〕

同じ一九四八年に開催された「二十代座談会　世紀の課題について」でも、「例えば、世界政府と云ったもの、これはぼく自身としては希望するし、ぼくに力を貸せと云われれば力も貸すんだ」〔上野・小林ほか、一九九七、七一頁〕と、やはり「世界政府」に言及している。

自分自身にとっては能動的に取り組む課題とは言えないかもしれないが、「僕の中の「君」」は、「世界政府」を想定している。「君」は、とりあえず「日本国」と解釈しておこう。日本国が「世界政府」を目指すのならば、それは「僕」にとっても課題たりうるものであり、「力を貸せと云われれば」その実現に協力したい、と安部は考えた。

「世界政府」と言えば、現在の感覚では観念的ないし理想的に思えるが、日本国憲法の絶対平和主義の論理的帰結として「世界政府」を想定するのは決して奇異なことではない。九条の戦力放棄および交戦権否定を字義通りに受け取れば、自衛のための戦争もまた自ら禁じたことになる。政治学者のダグラス・ラミスは、国際法上、侵略する側には交戦権は成立しないと言う。「侵略は戦争犯罪だから、罰せられる可能性がある。侵略されてそれに対して戦って、はじめて国際法にもとづいた交戦権が成り立つ」〔ラミス、一九九三、三二頁〕。つまり、交戦権を否定して自衛権を主張することは、論理矛盾ということになる。

実際に、吉田茂首相は、一九四六年六月二八日の衆議院本会議における「憲法審査会」で、「正当防衛、国家ノ防衛権ニ依ル戦争」は「有害」であるとしてこれを明確に否定し、その「絶対平和主義」を現実化するものとして、国家の上位にある「国際平和団体ノ樹立」〔第九〇回帝国議会第八回会議録〕を想定している〔加藤、二〇一九、一八三–一八四頁/丸山、一九九六、二五三頁〕。また、加藤典洋によれば、「マッカーサー・ノート」（一九四六年二月三日）で示された「戦争放棄」の原則が念頭においていたのは、「日本はいままさに誕生しようとしている国際連合の集団安全保障体制、つまり国連軍に「自国の安全と生存」を委ねるという構想」だったとしている〔加藤、二〇一九、二七六頁〕。

国際連合は一九四五年一〇月に創設され、国際連合憲章第七章は、「平和に対する脅威、平和の破壊及び侵略行為」に対する軍事的強制措置、つまり「国連軍」の結成について規定している。周知のように、この憲章規定に基づく国連軍はいまだに一度も組織されたことがない。とはいえ、戦後まもなくの時点では、神々の争いにも似た国家間の紛争の解決のためには、国家の上位機関を創設することへの期待感はむしろ一般的であったと考えられ、安部公房の「世界政府」もそのような情勢下で発想されたものと見なすことができよう。

また、憲法九条は、「国家」としてのフル装備を志向しない「準国家」を示唆し、そのアナキズム的傾向を否定することはできない、という発想は、鶴見俊輔が六〇年安保時に発表した「根もとからの民主主義」等に見ることができる〔高草木、二〇二三、二七三―二八三頁〕。言わば、市民の力によって下から「国家」概念を切り崩していく方向が示されていた。「世界政府」論は、上から「国家」を相対化していくという意味で、アナキズムとは逆のアプローチとなるが、いずれにせよ、国民国家を秩序の単位とする近代世界に変容を迫る発想であることには違いない。*

＊　安部の「世界政府」は、一九六二年に共産党を除名されて以後顕著になったと言われるアナキズム的な傾向へと架橋する役割を果たしたとも言えるだろうか〔大場、二〇一九〕。

一九五〇年六月の朝鮮戦争勃発に伴い、日本はGHQの指令により警察予備隊を設立し、再軍備への道を進んでいく。安部は、「平和の危機と知識人の任務」（一九五二年）で平和への危機感を表明すると同時に〔安部、一九九七d、一八五頁〕、巣鴨プリズンのBC級戦犯を取材して、「裏切られた戦争犯罪人」（一九五三年）を書き、また、映画『壁あつき部屋』（一九五三年撮了、一九五六年一般公開）のシナリオを手がけている。映画の原作は、理論編集部編『壁あつき部屋――巣鴨BC級戦犯の人生記』（理論社、一九五三年）というルポルタージュである〔木村、二〇一三、一八〇‐二一六頁〕。

「裏切られた戦争犯罪人」のテーマは、その釈放運動と平和運動との関連にある。朝鮮戦争の勃発と日本の再軍備化という状況のなかで、アメリカ合衆国側にはBC級戦犯を裁く意思はなく、サンフランシスコ条約発効に基づき巣鴨プリズン管理を任された日本政府には戦犯を拘禁する法的根拠はない。しかし、彼らは釈放されない。「［日本］政府は釈放運動が平和運動と結びつくことを、なによりも恐れている」〔安部、一九九七e、四四八頁〕と安部は考察する。釈放運動は、「哀訴歎願」から「裁判の不正」追及へと変質し、「真の戦争犯罪人」を告発することで平和運動と結びついていく可能性をもつ。「この二つの運動の結合こそ、両方を強めるものだと私は確信している」〔同書、四五〇頁〕と結論づけている。

また、敗戦間近の中国戦線の日本軍を、死んで幽霊となった日本兵を語り手にして扱った「変形の記録」（一九五四年）は、一九六〇年代以降に顕著になってきた「加害の戦争責任」という問題意識を先取りするものだったと評価する向きもある（坂、二〇一六、八三頁）。

確かに一九四八年時点では、安部は、いっぽうで「世界政府」にあえかな期待を寄せながらも、平和問題への独自の切り口を見いだせずにいて、正面から向き合うことを躊躇する姿勢を見せている。しかし、もちろん戦争と平和の問題に関心がなかったわけではなく、「平和を国民の思想にする」（安部、一九九七 i、三〇九頁）という志は不変であったと思われる。

では、一九四八年の『近代文学』誌上では、なぜ平和問題に「おちょくり」とも思えるようなエッセイを載せているのか。亀島は彼らの「文学者」的態度に憤怒しているが、しかし、亀島もまた、実は平和問題に関して正面から取り組むことのできないもどかしさのようなものを感じていたのではないか。穿った見方をすれば、亀島の憤怒は自分自身にも向けられていたのではないか。その点は一九四九年の小林多喜二を扱った論考のなかに垣間見ることができる。

第三節　人道主義と絶対平和主義

小林多喜二「戦争と文学」

亀島は、「驢馬の列」のなかで小林多喜二「戦争と文学」（一九三二年）を取り上げている。

一九四九年の時点では「時代遅れ」とも言うべきこの論考に言及するのは、憲法九条の絶対平和主義をどのように考えるのか、そのための素材を提供する意図があったと思われる。

小林は、レマルク『西部戦線異状なし』（一九二九年）が、「戦争一般に反対する」ことを批判した。この作品は、第一次世界大戦期、ドイツ軍志願兵パウル・ボイメルが一八歳で入隊して二〇歳で戦死するまでを描いたものである。小林が批判しているのは、具体的には、主人公パウルが戦線から帰休してきたときに、街の紳士たちが戦場の話を興味本位に聞きたがる場面である。パウルはそうした街の人々の態度に憤慨する。「戦争が人間の性格をゆがめ、愛をもって人と接することを拒んで反対にぞう悪を与え、人生に対する不信を抱かせ、人間の歴史のその期間に完全な虚無的な一つのブランクをつくる「重大事」を、茶のみ話の興味にするとは何事だ」〔小林、一九八二、三九二頁〕というわけである。*

＊ この場面は確かにあり、街の人々の無理解に対して主人公が辟易する様子が描かれているが、「茶のみ話の興味にするとは何事だ」というような憤慨までは書かれていない〔レマルク、一九三〇、一九五－二〇〇頁〕。

小林は、ここでレマルクは「戦争の問題の本質を人間の性格や生活に及ぼす堪え得ない残虐さの問題にスリ換えている」と主張する。レマルクや、日本では武者小路実篤に代表される「人道主義者」は、「戦争の本質から眼をつぶってそこからただ戦りつや残忍や貧困や苦悩を抽出してきて、戦争一般に反対する」〔傍点は原文。小林、一九八二、三九二頁〕。しかし、当然のことながら、「帝国主義的侵略戦争」と「ヨーロッパ及びアメリカの帝国主義に対する闘争として引き起こされた民族解放のための戦争（国民戦争）」には、質的な差異がある。前者は「反動的な」、後者は「進歩的な」戦争である。平たく言えば、「悪い」戦争と「良い」戦争とがあり、戦争を一律に悪としてはならない。

小林が依拠しているのはレーニンの戦争論である。第一次世界大戦の最中、レーニンは戦争についての論考をいくつか著している。「社会主義者は、諸国民間の戦争を野蛮で残忍なものとして、いつも非難してきた」（レーニン、一九五七b、三〇五頁）し、この戦争が「人類に未曾有の災厄と苦労をもたらしている」（レーニン、一九五七c、三七九頁）ことは認めつつも、あらゆる戦争に反対する「軍備撤廃」、平和主義のスローガンに与することはない（レーニン、一九五七d、一〇一頁／一九五七a、一五六頁）。

「どの戦争にもかならず惨禍と残虐行為と災厄と苦痛が結びついているにもかかわらず、歴史上には進歩的であった戦争、すなわち、とくに有害で反動的な制度（たとえば専制とか農奴制）やヨーロッパでもっとも野蛮な専制政治（トルコとロシアの専制政治）を破壊するのをたすけて、人類の発展に貢献した戦争がいくどかあった。」（レーニン、一九五七b、三〇五頁）

レーニンは、フランス大革命を例に挙げている。それが、国内的な革命と対外的な戦争との複合的過程であることから、一つの「戦争」と見立てて、その意義を封建制度、絶対主義、他民族抑圧を打破し、人類の歴史に新しい時代を拓くものであったと考える。それがブルジョアジーの勝利をもたらすものだったとしても、歴史的には「進歩的な戦争」であり、社会主義者もまたこれに共感を寄せる〔同書、三〇五-三〇六頁〕。

道場親信は、戦争への反対の立場は、「絶対平和主義」と「個別的反戦論」の二つに大別できると言う。前者は、あらゆる戦争を「不正」と見なすが、後者は、「すべての戦争に対する態度を固定して考えず、目前にある戦争に対し、反対の立場を打ち出していく」ものであり、従って、そこでは戦争の「質」が問われることになる。その亜種として「社会主義的な反帝平和論」があり、「労働者・被抑圧者解放」＝「正義の戦争」と「帝国主義戦争」＝「悪の戦争」を対立させる〔道場、二〇〇三b、四-五頁〕。この道場の図式に従えば、レーニンや小林の戦争論は、まさに「社会主義的な反帝平和論」であり、「個別的平和論」の一典型ということになるだろう。ただし、レーニンや小林の議論は、「正義」の根拠を「社会主義」よりも広い「進歩」に置いていることには留意する必要があるだろう。

平和主義の三階梯

さて、亀島は、小林のこのレマルク批判をどのように評価しているのか。「帝国主義的侵略戦争」と「民族解放のための戦争〔国民戦争〕」とのあいだには明確な質的差異が存在するという指摘に対しては、「これはまさに正しい」と言う。しかし、「その戦争が進歩的である時には、ただ「どうでも平和を」という風に固守することはわれわれの態度としては有り得ない」という主張には、「これは正しくない」と言う。別の言い方をすれば、小林の論考は一九三二年の時点では「正しかった」としても、一九四九年現在では「正しくない」。なぜか。

「「その戦争が進歩的である時」といえるような、そのように明白に言いきれるような、「時」・「戦争」がもはや存在せず、「戦争」そのものが進歩的であると反動的であるとを問わず、その規模と内容において全人類死活の問題にかかわるという「時」をもつに至つたことにおいて、そうである。「従つて」ただ「どうでもこうでも平和をという風に固守すること」が「我々の態度として有り得」ることになる。「有り得」る以上にそうでなければならぬことになる。」〔亀島、一九四九g、七八頁〕

端的に言えば、原子爆弾によって戦争の問題は変質してしまった。「全人類死滅の可能性」が生じたのと同時に、「平和が常に人類にとつて絶対不可欠の要求」〔同書、七九頁〕となったのである。その論考の結語は、亀島の微妙な決意を示している。

「「戦争の」「人間の生活や生活に及ぼす堪え得ない残虐さの問題」を、殆んど身体をねじまげるようにして、真剣に、また精確に、文学者は「問題」にしなければならぬと思う。」「「スリ換える」為でなく、「問題」にする為に、そこにある今日の、それ以上今後の戦争の「本質」の為に、問題にしたいと思う。」〔同書、七九頁〕

「身体をねじまげるようにして」という言葉に、亀島の苦悩と屈折が透けて見える。一言で言えば、亀島は、「平和主義」を三つの階梯で捉えようとしているがために、「身体をねじまげ」なければならないのである。

まず第一の階梯には、戦争を残虐さとしか捉えることのできないレマルクや武者小路実篤らの「人道主義者」がいる。彼らは、感情的に戦争を見るだけで、すべての「戦争」は同じカテゴリーとして処理され、「戦争」の質は問題にされない。小林が例に挙げているのは武者小路の「ある青年の夢」（一九一七年）という戯曲である。その「自序」で「自分は戦争の犠牲者に同情し、平和を愛する少数の一人である。否多数の一人である。自分はこの作が一人でも多くの愛読者を得ることを特に喜ぶのは人類の内に平和を愛する心があることを知り得る為だ」（武者小路、一九八八、四九九頁）と述べる。武者小路の戦争観が如実に現われているものとして「戦争はよくない」（一九二一年）という詩を挙げることもできるだろう。

> 「俺は殺されることが／嫌いだから／人殺しに反対する、従って戦争に反対する、」
> 「戦争はよしなくならないものにせよ、／俺は戦争に反対する。／戦争をよきものとは
> 断じて思ふことは出来ない。」（武者小路、一九八九、三一五頁）

武者小路にあっては、一般的「戦争」と一般的「平和」があるだけで、それぞれの質は問われない。亀島は、武者小路を「恥しらずな日本貴族」（亀島、一九四九g、七八頁）とまで呼んでいる。*

＊ 亀島が、白樺派の「ヒューマニズム」＝人道主義を否定的に捉えていることがここではっきりした（序章

参照）。あの国語の問題を亀島が出題したのだとしたら、たかが高校一年生用のテスト問題に、己の情念や怨念を折り込んでいたことになる。彼らの「ヒューマニズム」は、「人間主義」ではなく、浅薄な倫理観に基づく「人道主義」と解さなければならなかったのである。

第二の階梯には、小林多喜二やレーニンがいる。彼らは、とりわけ「帝国主義戦争」と「国民戦争」という戦争の質を問題にする。この階梯は、「正義の戦争はあるか」という問いを突きつける。

トマス・モア『ユートピア』（一五一六年）の「軍事について」を見ると、戦争の是非について興味深い記述がある。「戦争《ベルム》はまさに野獣的《ベルウイナ》なものだけれども、どんな野獣でも人間ほど絶え間なくそれに従事しているものはないとして、彼ら〔ユートピア人〕は戦争を極端に嫌っており、ほかのほとんどすべての民族の風習とは反対に、戦争で求められる栄光以上の不栄光は皆無と考えています」（モア、一九九三、二〇三頁）と、一般論として戦争に反対する旨を示している。

しかし、「自分たちの国境を防衛するため」（自衛）、「友邦の領土に侵入した敵を撃退するため」（集団的自衛）、「僭主制で圧迫されている民族を僭主制の桎梏と隷属状態から解放してやるため」（人道的介入）であれば、戦争は許される。その他にも、「友邦に対する貿易阻害があった場合」、「自国民が他国で危害を被った場合」、「植民地建設が阻害された場合」が、戦争の理由として挙げられる（伊達、一九七〇、二三四頁／鈴木、二〇一〇、二二五頁）。非戦の理念を高々と掲げながら、実際にはいかようにも理由をつけて戦争が正当化されるような仕組みになっている。

モアの所論が、トマス・アクィナス『神学大全』第二部―二、第四〇問題「戦争について」を下敷きにしていることは間違いないだろう（沢田、一九六九、一三一―一三九頁／柴田、二〇一四、二八八―二九九頁）。トマスは、「戦争は常に罪である」ことを前提にしながら、君主が外敵から国家を保護する、相手方の不正を罰する、善を助長する意図がある、という条件の下で戦争は是とされるとしている（トマス、一九九七、七九―八一頁）。

トマス・アクィナスからレーニンまで、その立場は違えども、戦争を必要悪とする点では共通している。戦争一般を全否定しているわけではなく、その「質」を問題にしている。端的に言えば、「正しい戦争」と「正しくない戦争」が存在することになる。これが一九四五年以前の世界の「常識」だった。だから、戦争をする側は、つねに「正しい戦争」を喧伝する。大日本帝国の「大東亜戦争」でも、「大東亜共栄圏」というそれなりの「大義」が謳われた。

ところが、一九四五年の原爆投下によって事態は一変してしまった。全人類死滅の可能性さえもある状況のなかで、「正義の戦争」は存立の余地がなくなってしまった。どれほどの正義があろうとも、その結果が人類や地球の破滅を導くとしたら、「何のための正義か」ということ自体が問われてしまう。

この第三の階梯を代表するのが、丸山眞男の「三たび平和について」（一九五〇年）だろう。

丸山は、「戦争の破壊性が恐るべく巨大なものとなり、どんなに崇高な目的も、どのような重大な理由も、戦争による犠牲を正当化できなくなったという厳粛な事実」〔丸山、一九九五b、八頁〕が核兵器の出現によってもたらされたと考える。人類の絶滅とまで言わずとも、必ずや戦争は無辜の民衆に「惨憺たる被害」を与えるだけでなく、「経済的政治的荒廃、大規模失業、飢餓、暴動」、「深刻な道徳的頽廃」をもたらす以上、戦争は、「目的」や「理由」を実現するための手段としての意味を失った。ここに、日本国憲法に代表されるような理想的な平和主義、すなわち「戦争を最大の悪とし、平和を最大の価値とする理想主義的な立場は、戦争が原子力戦争の段階に達したことによって、同時に高度の現実主義的な意味を帯びるに至った」〔傍点は原文。同書、一〇頁〕とする。観念的な絶対平和主義が政治的にリアリスティックな選択として意味をもつ、ということである。

丸山のこの所論は、「平和問題談話会」の報告として書かれたもので、原爆による戦争観の一変という点は、戦後において広く共有されていたと思われる。亀島が小林多喜二「戦争と文学」をめぐる論考を発表するのは平和問題談話会報告（一九五〇年一二月）の前年であるし、亀島も参加した『近代文学』一九五〇年五月号の座談会「現代の知識人」でも、荒正人が「絶対平和への憧憬ということは、原子爆弾とか水素爆弾とかつまり戦闘手段が激烈、苛酷なものになるにしたがつて、出てくると思う」〔本多・森ほか、一九五〇、四二頁〕と述べている。

三段階論のパラドックス

サン-シモンに淵源をもつ歴史の三段階論は、その弟子であったオーギュスト・コントにおいても、バザールらのサン-シモン主義者たちにとっても、単線的な発展論の否定のうえに成り立っている〔高草木、二〇〇五、一二一-一三頁〕。現代フランスの哲学者ダゴニェによれば、コントの三段階論は、その神学的段階、形而上学的段階、実証的段階のうちで、最下位にあると見なされる神学的段階が実は形而上学的段階より優位にあるとも考えられる。それゆえ、「あまりにも系列的に理解するのは避けるべきである」〔ダゴニェ、二〇〇六、一九六頁〕と注意を喚起する。

サン-シモン主義者たちは、中世の「組織の時代」、宗教改革からフランス革命へとつづく「批判の時代」のあとに、新たな次元の「組織の時代」が現われると考えた。一九世紀初頭にあっていま始まりつつある新しい「組織の時代」は、近代によって批判され、解体された組織を再構築することを目的とした。新旧二つの「組織の時代」は、近代という「批判の時代」を否定的媒介として挟むとはいえ、類似性をもっている〔バザールほか、一九八二、六三-七三頁〕。

亀島が考える「平和主義の三階梯」もこれと同じような構造をもっていて、第一階梯の人道主義的な平和主義と第三階梯の原爆後の絶対平和主義とは、実はときに見分けのつかないほど似通っている。「正義の戦争」を肯定する第二階梯を否定的媒介として挟むのであるから、両者は決定的に違うものでなければならないはずなのに、ほとんど同じに見えてしまう。たとえば、先に挙げた一九五〇年五月の『近代文学』誌上の座談会での亀島自身の発言を拾ってみよう。

荒正人が、現実に平和運動を推進するに当たっては、共産党とは手を切るか、共産党のヘゲモニーの下で行なうか、二つの道があると指摘したことを受けて、亀島が持論を展開する。

「ぼくは当然タイアップすべきだと思います。共産主義者であろうとなかろうと、とにかく戦争は厭だということに賛成であれば誰でもいいからいつしよになる。……問題は戦争に絶対反対だという点が明白であればいいと思います。」

「戦争絶対反対という目標に対して凡ゆる政治力を集中する。……戦争が起つた場合のことを考えるエネルギーをまで平和運動のなかに打込んで、つまりすべてのエネルギーを打込んでかかれば橋渡しもでき、戦争も回避できるということを考えるべきであり、また考えられようと僕は思うのです。」〔本多・森ほか、一九五〇、四三–四七頁〕

この座談会は、亀島が「平和主義の三階梯」を示した翌年に行なわれている。にもかかわらず、亀島自身の発言が平和主義の第一階梯に当たるのか、第三階梯に当たるのか、区別することができるだろうか。まるで「絶対平和主義」の虜になったかのように熱く「平和」を語る姿には、「人道主義者」の顔が重なって見えてくる。平和への戦略として、「人道主義者」と手を握るとしても、「人道主義者」との相違はどこに求めたらいいのだろうか〔亀島、一九四九g、七八頁〕。

本来、亀島の説く「平和主義の三階梯」の特色は、第二階梯を重視することだったはずである。戦争の問題を残虐さ一般の問題にすり替えることなく、その戦争の「質」を考察するという小林多喜二の指摘は、その限りにおいては正しいものと認識され、したがって、第一階梯の素朴な「人道主義者」は厳しく指弾されなければならなかった。

第二階梯から第三階梯への移行の必然性を論理的に整理した丸山眞男においても、実は、第二階梯の論理は必ずしも否定されてはいないと見なすこともできる。なるほど、丸山の立論は、端的に言えば、「正義の戦争」はもはやありえないことを論証した点にあると言えるかもしれない。しかし、丸山が言っているのは「どんなに崇高な目的も、どのような重大な理由も、戦争による犠牲を正当化できなくなったという厳粛な事実」であって、そこでは、戦争の「崇高な目的」や「重大な理由」が存することそれ自体は留保されていると見なすこともできる。丸山は、「目的」や「理由」についてはここで踏み込んだ考察はしていない。

ところが、人類や地球を破滅させる可能性をもつ核兵器の威力が、第二階梯と第三階梯のあいだに立つ人間の思考を停止させてしまう。第二階梯を否定的媒介として成立したはずの第三階梯は、第一階梯の素朴な「人道主義」に絶えず還流される。戦後の「平和主義」の問題点がここにあるとも言える。思考停止の「人道主義者」、安部公房の言葉で言えば「臆病な錯乱者」と隊伍を組まざるをえないというもどかしさ、第一の階梯と第三の階梯の相違を明示することのできない苛立ちが、亀島を苦しめる。第三階梯を強調すればするほど、第一階梯に蟻地獄のように落ちていく。

このパラドックスを本能的に察知している文学者は、もはや平和問題に関して、三階梯論に嵌まり込もうとしない。安部公房や久保田正文が「おちょくり」に逃げるのは、だから故ないことではないとも言える。

第三階梯から第一階梯への還流は、「論理」が「心情」のなかに絡み取られ、埋没してしまうことでもある。たとえば、丸山においても、ときに「心情」が「論理」にすりかえられている。一九四九年の飯塚浩二らとの対談では、日本の軍隊について、陸軍と海軍の違いからはじまって微細な議論をしているにもかかわらず、その結論部分では、まるで卓袱台《ちゃぶだい》返しをするように、「心情」の人になってしまっている。

「日本は独立国家である以上軍備を持つべきだということを物のわかっているインテリでも言うのですが、……そういう人は、日本の軍隊に入って悲惨な体験をしなかった人じゃないかと疑うんです。本当に経験した人ならばいかなる形でもあれ、日本が軍隊を持つということはまっぴらだという、全人間的な反発感情があるのが当然じゃないかと思うのです。抽象的な議論としてはいくらでも言えるけれどもぼくはどんな場合でも軍隊は御免だという感じだナ。」〔丸山、一九九八、二八〇頁〕

「三たび平和について」も、憲法九条に基づく「絶対平和主義」が「心情」的に予め決まっていて、それゆえに、第二階梯の部分、政治学者が心血を注がなければならない部分が簡単に端折られてしまっているようにも見える。この論考が、朝鮮戦争勃発という緊迫する状況のなかで書かれたにもかかわらず、「戦争の終焉」を一般論として説いていることのパラドックスはどう説明するのだろうか。*おそらく、その時代の空気は、「絶対平和主義」の結論を導くことを、最高法規たる日本国憲法が後ろ楯となって絶対的に要請していた〔坂本、一九九〇、一八四―一八八頁／大江・安江、一九八四、四二頁〕。憲法九条の成り立ちを研究した加藤典洋は、「無残な戦争体験に裏打ちされた」、ありえたはずの「自前の平和の思想」は、憲法九条の規定によって、却って「鋳型にはめられた、ひ弱なものになったのではないだろうか」〔加藤、二〇〇九、八―九頁〕という疑念を提起している。

＊ この時期、朝鮮戦争は、日本国内では一般に「朝鮮事件」や「朝鮮動乱」と呼ばれていた。丸山の論考では、「今次の朝鮮事件における国連インド代表の動き」やネルー首相の動向を論評するのみで、これが日本の絶対平和主義の理念を脅かす喫緊の課題であるとの認識は見受けられない〔丸山、一九九五b、二五―二六頁〕。

「正義の戦争はあるか」という問い

作家の小田実がアメリカ合衆国やドイツを訪ねて、戦争について対論を行なったドキュメンタリーフィルムがある。『正義の戦争はあるのか――世界対論の旅』というタイトルで二〇〇〇年八月一四日にＮＨＫ・ＢＳで放映された。一九九八年から九九年にかけて、コソボの独立を求めるアルバニア人のコソボ解放軍に対してユーゴスラビア軍の弾圧があり、これを受けて、一九九九年にコソボへの人道的介入として行なわれたＮＡＴＯ〔北大西洋条約機構〕による空爆の是非が問題となった。ユーゴスラビアのミロシェヴィッチ大統領の独裁支配に対する軍事行動が必要かどうか、ドイツで新しく成立した社会民主党と緑の党の連立政権の内部では、議論は二分された。

ここで問題にしたいのは、「空爆」の効果等についてではない。「正義の戦争はあるか」という問いと「正義の戦争はない」という断定のあいだに存在する溝についてである。「問い」は限りなく「否定」に向かうとしても、「否定」に到達することはない。「正義の戦争はあるか」と弛まず問いつづけることが重要なのであり、「正義の戦争はない」と安易に断定すれば、ただちに思考停止に陥ってしまう。おそらく、亀島が「身体をねじまげるようにして」格闘しなければならないと考えたのは、「正義の戦争はあるか」という問いを発しつづける持続的な志であったろうと思われる。

因みに、小田の「正義の戦争」に対する見解は微妙な点を含んでいる。「戦争には正義はないとして戦争を全面的に否定する」〔小田、二〇一三、一三八頁〕絶対平和主義の立場を標榜する小田は、「原理・原則としての平和主義」の構築を目指して、戦争被害の悲惨さにのみ依拠する「体感平和主義」からの「脱皮」を説く〔小田、一九九五、五四頁〕。そのいっぽうで、「理屈はどうであれ戦争だけはイヤだ、許せない」とする「体現平和主義」を、平和の「最後の砦」になりうると評価もしている〔小田、二〇一三、一二七頁〕。

では、「正義の戦争をほんとうに認めないのか」と言えば、「正義の戦争は多くがまやかしだった」（傍点は引用者）として、全面否定を留保している面もある（同書、三五四頁）。そもそも、小田が代表を務めたべ平連（ベトナムに平和を！市民連合）の活動は、ベトナム戦争がベトナム人民の側にとっては「正義の戦争」であることを暗黙の前提にしたものではなかったか。小田自身、長編小説『ベトナムから遠く離れて』（全三巻、講談社、一九九一年）に寄せたエッセイのなかで、「「ベトナム」はかつて『中心』だった。多くのものの、あえて言えば、すべての——正義の中心だった」（小田、一九九一、六頁）と述べている。

これまでの歴史において「正義の戦争」が、たとえば帝国主義的侵略の口実として使われたことは、もちろん事実として認めなければならない。「正義の戦争」という大義は、ほとんどの場合は御都合主義的に解釈されたものである。しかし、だからと言って、「正義の戦争」という概念自体が否定されるべきなのかどうか。もっと平たく言えば、「正義の戦争」が存在しないということを理由に、戦争はいかなる場合でも許してはならないという結論を先験的に下してもよいのだろうか。

現代においては、核兵器の存在が前提であるとはいえ、本格的な核戦争は起こっていない。核兵器と通常兵器との境界も曖昧になり、そして戦争は二一世紀に入っても途絶えることなくつづいている。核兵器の出現によって、憲法九条に規定されるような絶対平和主義が却って「高度の現実主義的な意味を帯びるに至った」という丸山の一九五〇年の立論は、「核兵器による全面的な戦争」という極端なモデルの上に成り立っていて、もはや通用しにくくなっている。

現実に日々報道される戦争の災禍を前にして、何をなすべきか。戦争を分析し、告発するうえで、「正義の戦争」という切り口はいまだ有効性を失っていないのではないか。先に挙げた道場親信も、「憲法平和主義」の空洞化という現実のなかで、絶対平和主義と個別的反戦論、すなわち平和主義の第三階梯と第二階梯のあいだの対話と交流の可能性を指摘している。

亀島は、戦争を体験した者として、戦争だけは何としても止めなければならないという気概をもっている。しかし、そのいっぽうで、自分たちの青春を奪い取ったあの戦争を、のっぺらぼうの「戦争一般」のなかに流し込まれてたまるかという思いが疼きだす。平和主義の三階梯について苦悶しながらも、とりあえず「体験の一回性」に拘り、先の戦争が何であったかを問いつづけることが亀島の終生の課題となった。その課題は、いま形を変えて、われわれの前にも横たわっている。

第三章　道化として生きる

第一節　「赤い教育」の顚末——伊勢崎高校事件

「赤シャツ」擁護論と差別問題

亀島貞夫は、一九五一年に群馬県内の県立伊勢崎高校（現在の伊勢崎商業高校の前身。現在の伊勢崎高校とはつながりがない）に国語教師として赴任することになった。一九五一年と言えば、『近代文学』誌上に創作や評論を発表している時期であり、言わば中央の新進気鋭作家が片田舎の高校に乗り込んできたことになる。迎え入れる高校側には、一種の脅威のようなものがあったのではないかと思われる。

破天荒な人物が片田舎の高校にやってくるという物語は、漱石『坊っちゃん』以来の伝統と言ってもいい。戦後は一九六〇年代に、石原慎太郎原作・原案のテレビドラマ『青春とはなんだ』がヒットして、以後一つのジャンルとして定着した。アメリカ帰りやイギリス帰りの型破りの青年教師が学校に新風を吹き込み、生徒たちを鼓舞する。亀島もまた、活躍中の新進作家として颯爽と高校の教壇に立ったのだろうか。

亀島には、一九五七年、伊勢崎高校在任中に公表した「一つのよみかた」という独自の『坊っちゃん』論がある。漱石の第二作に当たるこの作品は、漱石自身が二九歳の一八九五年に愛媛県尋常中学校（旧制松山中学校）に赴任し、一年間教鞭をとった経験が下敷きになったと言われている。「坊っちゃん」は、伊藤整等のオーソドックスな解釈によれば〔伊藤、一九四九、四一二頁〕、「「楽天的」な、同情心に富んだ、無邪気な、生一本な、卑劣を憎む正義感に満ちた青年」であり、それに対して、「坊っちゃん」が赴任した田舎中学には、教頭の「赤シャツ」のような「日本的な薄汚さ、みみっちさ、卑劣さ」をもった人物がいる〔亀島、一九五七、一二三頁〕。ストーリーは、「坊っちゃん」が同僚の「山嵐」とともに、「赤シャツ」らを退治する痛快譚である。亀島は、こうしたオーソドックスな解釈を真っ向から否定して、「赤シャツ擁護論」を展開した。

同僚の英語教師「うらなり」の婚約者だった「マドンナ」を「赤シャツ」が「作略」によって籠絡し、果ては「うらなり」を延岡に転任させるという、「坊っちゃん」が思い込んでいる陰湿・陰険なストーリーは、「赤シャツ」側に立ってみれば、どこにも非難される落ち度はない。三角関係や転出話の内実は、小説のなかで実は何も語られていない。

逆に、都会から新しい思潮を纏《まと》って田舎に現われたと思われている「坊っちゃん」こそ、旗本の末裔を任じて、「由緒」や「身分」から自由でない特権意識をひけらかす人物である。「人参畑」や「田圃」を荒らすことがいたずらで済むと思っているほど、「生産性」に無頓着で、生徒を「豚」や「土百姓」呼ばわりする、感情的、反理性的な東京第一主義に毒されてもいる。

亀島は、『坊っちゃん』が『ホトトギス』誌に発表された一九〇六年という年を問題にする。日露戦争に勝利して世界帝国主義国家群のなかに日本が割り込んでいった時代は、「爪の先から髪の毛まで武装された帝国主義的国家権力と結びついたもろもろの反民主的な権力に対して、人民の中から民主的な反撥・抵抗が、運動初期における避けがたい未熟さや誤り部分をもちながら、組織されていった時代」、つまり世界的規模で見ても、「民主的なものと反民主的なものとの烈しい闘《せめ》ぎあいの時代」であると捉えている〔同書、一一七-一一八頁〕。

その「闘ぎあい」は、一九五〇年代の日本にもそのままつづいている。それは、「中央の新思潮」対「田舎の固陋《ころう》」といった単純な図式に還元できない複雑な様相を呈していることが、「赤シャツ擁護論」の要諦だろう。もちろん、一九五〇年代の群馬と言えば、政治的にも文化的にも保守的、後進的な土地柄であったことは否めない。亀島にとっても面食らうことが多かったと思われるが、漱石自身は一年、「坊っちゃん」は一月ほどでその地を去ったのに対して、亀島は、群馬の地に来て六年、離れる気配を見せていない。

この時期にハンセン病施設である草津・栗生楽泉園との関わりをもったのも〔序章参照〕、「民主的なものと反民主的なものとの烈しい闘ぎあい」を強く意識していたからだろう。「坊っちゃん」の「江戸っ子気質」という差別意識に関説して、「本人の責任以前のもの」、「本人の意思・能力と何ら関係なく決定される」〔同書、一三〇頁〕事柄に対する差別性を広く問題にしていた。

この時期に世界に比して日本のなかで際立っていた差別が、ハンセン病差別だった。一九四〇年代にプロミンをはじめとしてスルフォン剤が開発・普及し、ハンセン病は不治の病から治癒する病へと変わっていった。世界の趨勢から孤立して隔離政策を取りつづける日本政府に対しては、世界保健機関（ＷＨＯ）等から是正勧告もなされている。一九九六年にようやく「らい予防法」が廃止された後、ハンセン病患者たちへの国家賠償責任が問われた熊本地裁判決は、「遅くとも昭和三五年〔一九六〇年〕には、新法〔らい予防法〕の隔離規定は、その合理性を支える根拠を全く欠く状況に至っており、その違憲性は明白となっていたというべきである」（『判例時報』一七四八号、二〇〇一年七月二一日、一〇〇頁）と断じている。

亀島は、「赤シャツ擁護論」を展開した一九五七年時点で、もはや後戻りすることなく、群馬県を拠点にして、広い意味での執筆活動と教育活動を行なうことを決意していたのではないかと思われる。

伊勢崎高校事件の概要

おそらく亀島にそのような決意をさせる「事件」が、一九五四年、伊勢崎高校に赴任して三年目に起きている。

「私は、一九五四年早春、当時私の勤務した学校に「事件」が起り、この極めて小型のコップ内の嵐にほとほと手を焼いていた最中、「近代文学」同人より受けた支援、殊に、佐々木基一氏より蒙った、弾着正確の長距離砲による援護射撃の如き強力な援助を決して忘れることはあるまい。」〔亀島、一九七七、一〇三頁〕

この「伊勢崎高校事件」ないし「伊高事件」と呼ばれる事件の経緯については、『朝日新聞』一九五四年二月一〇日の記事にまとめられている。

「「伊勢崎高校で赤い教育が行われている」とのうわさは同校の新藤知義教員が去月中旬「木曜会（東大出の若い教員を中心とする研究団体）は赤色グループだ」との手記を発表、県政界の有力者と結びついて県教委に実情調査を申入れたことから表面化した。同校二年普通科A組生徒四十八名は、この問題の討論会開催を学校側で拒否したのをキッカケに川村校長と木曜会所属五教員の辞職を要求して去月二十五日から五日間同盟休校した。生徒らが〝赤い教育〟を裏付ける事実としてあげた主な点は①松川事件被告の無罪釈放を生徒に署名させた②教室で天皇制廃止の話をした等だが、これに対し木曜会は事実を全面的に否定し①松川事件署名は定時制生徒が自発的に申出たものだ②天皇制についての話は宮沢［俊義］東大教授の論文を紹介しただけだと反論し、新藤派と木曜会派との抗争が激化していた。」

その他、「赤い教育」として糾弾されているのは、木曜会の教員が皇太子の外遊について「むだな金を使ってもったいない」と教室で語った、労働歌を生徒に歌わせた、妙義山の米軍基地化反対校内大会を二時間にわたって行なった、学園祭の前夜祭で「中共礼賛」の講演が行なわれ、「中共映画」白毛女が上映された、等々についてである（『朝日新聞』一九五四年一月二六日／『毎日新聞』一九五四年一月二六日）。

この事件は、「同盟休校」だけでは終わらなかった。二月四日、生徒四名が竹刀をもって木曜会のA教員の下宿先を訪ね、不在だったため、同家を取り巻いて脅しをかけた。二月八日には、生徒八名が、校長に「われわれを処分した場合は日本刀で切りつける」との手記を手渡してもいる（『朝日新聞』一九五四年二月九日）。

二月九日、県教育委員会は、「教員の一部木曜会員が教育の刷新に向けた熱意は認められるが、その後学校運営にまで介入したため校内に対立的傾向を強め、また一部の言動の行き過ぎによって左翼的との批判を受けるにいたったのは遺憾である。しかしこれまでの調査によると、そこに意図的なものは見受けられ難く、そうした批判が起ったのは計画性を欠いた学校管理や教育指導の未熟さに基くものとみられる。今後各教員の強い反省と適正な指導監督の必要を痛感する。新藤教員は校内問題を外部の力をかりて解決しようとしたことは教育公務員の本分を逸脱した行為であり、強い反省を求めたい。また同盟休校生徒については学校当局の指導に欠ける点があり、生徒達は学校に対して根強い不満があったようであるが、この行動はあまりにも感情に走り過ぎており深い反省と自重を望みたい」（同二月一〇日）との教育長名の談話を発表して、結着はついた。しかし、その後も、同校の校門や廊下の壁に「三月十五日に命ちょうだい」「殉国青年隊に日本刀でぶった切られるぞ」といった脅迫めいた落書が見られた（同二月二八日）。

木曜会は、一九五一年夏頃、H教諭ら一五名が教育研究のために結成したグループで、同校の教員全三三名のうち約半数を占めている。事件当時、赴任して三年目の亀島は、とりあえずH教諭やA教諭のようには矢面に立たされていないが、松川事件について亀島が生徒の前で問題にしただろうことは想像される。

松川事件は、一九四九年八月一七日に国鉄東北本線・松川駅—金谷川駅間で起こった列車往来妨害事件で、脱線により乗務員三名が死亡している。一九五〇年一二月、福島地裁は被告二〇人を有罪、うち五人を死刑とした。つづく二審でも、一九五三年一二月、仙台高裁は被告一七人を有罪、うち四人を死刑とする判決を出した。これ対して、冤罪であるとして立ち上がったのが、作家の広津和郎や宇野浩二だったが、彼らだけではなく、多くの作家がこの裁判に異議を唱え、『近代文学』一九五四年一月号では「松川事件について」という同人へのアンケートを掲載している。その後の経過を辿れば、最高裁は一九五九年、二審を破棄して仙台地裁に差し戻し、一九六三年最高裁により全員の無罪が確定した。戦後最大の冤罪事件とまで言われた事件である。

伊勢崎高校事件が起こった当時、松川事件の裁判は大きな批判に晒されていた。本来、二審の判決は一九五三年一一月五日に予定されていたが、一二月二二日まで延期されることになった。二審の鈴木禎次郎裁判長は、「異例の事実審理」を行なったとされ、無罪判決が勝ち取られるであろうとの期待が大きかった。その判決が延期されたとなれば、予定されていた判決の修正を要求する圧力がかかったのではないか、という憶測も成り立つ。『近代文学』のアンケートは、この延期期間のあいだに行なわれた。「ここまで輿論が高まってきたから、もう大丈夫だろうと思いますが、それでもまだ油断は出来ません」（本多秋五）、「延期されたことは、わたしたちに不安を感じさせる」（佐々木基一）、「鈴木裁判長に対する僕の、一国民としての信頼が裏切られないように祈るばかりです」（中田耕治）、「真実に対する彼〔鈴木裁判長〕の勇気を切に支えたいと思います」（原通久）、「二審の鈴木裁判長は、一審の長尾〔信〕裁判長とは異質の人の様ですから、真実にクミする勇気と決断を示してくれることと信じています」（青山光二）といった、不安と期待の入り混ざった意見が寄せられた。そして亀島は、事件についてさまざまな思いをめぐらせつつも、裁判については「鈴木裁判長の健康を祈る」とだけ書いている（中田・寺田ほか、一九五四、一二七―一三二頁）。

延期された判決は、案の定、一審を微調整しただけのものとなった。広範に署名活動が起こったし、民主主義の根幹にかかわる問題として多くの人に意識されたことは間違いない。判決が延期されたのは、上から圧力がかかったというよりも、三人の裁判官の意見が分かれ、調整に手間取ったためと言われている。鈴木裁判長は「一部有罪」、高橋雄一裁判官は「全員有罪」、佐々木次雄裁判官は「全員無罪」と、三者三様の割れ方だったと目されている（伊部、二〇〇九、九六頁）。松川事件について、論点を整理して生徒に伝えることは、この時期にあっては民主主義教育の一環のなかに位置づけられて然るべきだろう。ただ、「民主主義教育」と「赤い教育」との境界は、しばしば恣意的に、いかようにも動かされる。

佐々木基一の援護射撃

亀島が「佐々木基一氏より蒙った、弾着正確の長距離砲による援護射撃の如き強力な援助」とは、『改造』一九五四年五月号に掲載された「赤ずきん物語——伊勢崎高校事件の背景」を指している。佐々木は、現地にまで足を運んでこの事件の実態とその背景について詳細に論じた。地方の一高校の事件が、新聞やテレビで全国的に報道されることへの違和感から考察を始めている。

一九五四年のこの時期、教員の政治活動を制限する教育法案が国会に上程されていた。具体的には、二月二二日に、「教育公務特例法の一部を改正する法律」と「義務教育諸学校における教育の政治的中立の確保に関する臨時措置法」が国会に提出され、六月三日に二法は公布される。つまり、一九五四年二月という時期は、教員の政治的活動を制限しようとする政府側とそれに反対する全国高等学校教職員組合や日教組等とのあいだで激しい対立が起こっていた時期である。伊勢崎高校における「赤い教育」への批判は、その教育法案の成立を後押しする役割を果たしたと佐々木は指摘する。

一方に教育二法による教育への締めつけがあり、他方に松川事件の裁判がある。戦後一〇年近くが経ち、もはや日本国憲法の理想を掲げるだけでは、現実の政治は動かない。「民主主義」をめぐるせめぎ合いが熾烈に展開される事態になっていた。「赤い教育」への糾弾は、ある意味ではまさに時宜を得たものだった。政治色に染まっていないはずの高校生が同盟休校という強硬手段に出たことも、センセーションに輪を掛けた。

このような背景のなかで、この事件は、右翼の活動にまで利用されることとなったが、実態は新藤知義という特異な人物の特異な行動によって引き起こされたものだったと佐々木は分析する。生徒の同盟休校等の行動は、すべて新藤によって示唆されたものと見なすことができる。したがって、背後に特定の政治勢力があって糸を引いていたわけではない。新藤は、一九二八年東京帝国大学卒、その後この伊勢崎高校事件まで二十数年間教員生活を送ったことになるが、一校当たりの平均勤続年数が一年余と極度に短い。とくに「酒色にからまる噂」が絶えなかった。佐々木は、新藤の過去の問題行動について詳細な調査結果を報告している〔佐々木、一九五四、一七〇頁〕。つまり、新藤知義という人物が引き起こし、生徒や議員を動かし、巻き込んで大きな事件となったのが、「伊勢崎高校事件」だったということになる。

佐々木の論考によって、「伊勢崎高校事件」は、「赤い教育」が行なわれていたかどうかが論点ではないと断定された。「赤い教育」は攻撃のための口実に過ぎず、したがって「木曜会」側の教員の言動の是非を問うこと自体が、事件の本質を見誤る罠に陥ることになるという明確なメッセージを佐々木は提示した。亀島や「木曜会」側にとって、これ以上の「援護射撃」はなかったことだろう。

亀島自身の総括

事件から二〇年近くが経った一九七二年に、亀島は、先に紹介した同人誌『文化同盟』一一号に、「事件」というタイトルの創作を載せている。「華蔵寺高校事件」がテーマだが、もちろんその名の高校は実在せず、「伊勢崎高校」がモデルであることは即座にわかる。「赤い教育」を告発した新藤知義は「神藤武義」に、川村校長は「河田校長」に、「木曜会」は「金曜会」に変えられてはいるものの、内実はそっくり伊勢崎高校事件である。

「話の出所は東小前の県営アパートにいる国語の神藤武義先生からで、先生が近くの囲碁友達の市会議員高田益男氏に話したのを、高田市議がわざわざ関山県議に御注進に及び、県教育委員会で調査善処するよう依頼したということだ。……神藤先生がこういう事を言いふらすようになったのは次のような原因がある。昨年秋、学校の紀念祭の弁論大会で、審査員として臨席していた弁論部副部長の神藤先生が某生徒の演説中、「弁士中止」を命じ、それを若手の先生たちになじられ、怒った神藤先生は一週間ばかり休んだことがあり、その後黒須文夫先生を赤だと宣伝し出したようだ……。」〔亀島、一九七二c、二七頁〕

亀島自身による事件の概要は佐々木の論考と大筋に変わりはなく、説明がやや詳細になっているに過ぎない。佐々木が実名で書いている市会議員や県会議員や教員をすべて仮名にして、フィクション仕立てにすることにどんな意味があったのか。おそらくは、事件の究明とは別の意図がそこにあったと考えざるをえない。

簡単に事件を説明した後に、亀島は「神藤武義」の手記をつづけている。これは紛れもないフィクションである。新藤知義という事件の首謀者の視点から、全体を把握しなおすことを試みたものだった。いや、それ以上に、新藤の目を通して、亀島自身を捉え直す試みだったと言うほうが正確かもしれない。

新藤は亀島と同じ東京帝国大学文学部国文学科出身であり、卒業年で言えば一六年先輩に当たる。事件から一八年経った一九七二年の時点で、亀島は当時の新藤とほぼ同じ年齢に達している。そこには、事件当時の対立関係を越えた、ある種の共感めいたものさえ感じさせる。

この「神藤武義」の手記には、「志津堯志」という名が登場する。言うまでもなく、亀島の小説〈白日の記録〉シリーズの主人公であり、亀島本人を指している。「神藤」は、「志津」こそが「金曜会」の「指導者」であり、「小独裁者」であると言う。「金曜会」への憎悪は、一人「志津」に向けられていると言ってもいい。「神藤」からみた「志津」は次のように語られる。

「人を人とも思わぬ、無礼な嘲笑を伴なう倨傲な態度も、故意としか思えぬ強い大阪方言の野卑な言葉も、私に憎悪の種子ならざるはない。校内をわがもの顔におし歩き、生徒は勿論、同僚の年配者から、校長に対してまで、明らかな侮蔑の嘲弄を憚らず、不当不遜の自恃に溢れ、何より自己への奴僕的忠誠を好み、追従を酸素とし、阿諛《あゆ》以外、一切の言に耳を藉さず、形勢、自己に利ある時は陰険にして冷酷な「大審問官」として、自由と民主主義との錦旗、頭上におしたて、人道と正義との憚ることなき代弁者として、偽造の激昂と虚妄の論理との混淆をもって、飽くことを知らぬ嗜虐的追求〔ママ〕・糾弾に自己陶酔し、一度、不利に到るや、韜晦して事実を糊塗するか、紆余曲折する三百代言風遁辞《とんじ》に保身の巧言を弄するか、更に窮すれば居直り強盗然と、恫喝の逆襲に、車夫馬丁の徒といえども辟易汗顔する、宛然《えんぜん》、衢《ちまた》の小無頼が常用の罵詈雑言を恣《ほしいま》まにする。正に済度《さいど》しがたき匹夫小人、厚顔虚飾の似而非民主主義者、夜郎自大のMachiavellist。陋劣卑小のdespot。」〔同書、四〇－四一頁〕

小気味いいほど徹底した自己批判である。「倨傲」という評価は、本多秋五が掲げる亀島像にも現われている（序章参照）。デフォルメされているとはいえ、これが亀島の一つの自画像なのだろう。いや、デフォルメされているからこそ、笑いを誘いもする。注目すべきは、民主主義者ならぬ「似而非」民主主義者であることが強調されている点である。戦後民主主義の流れに安易に乗るような軽挙を断つ、「わだつみ世代」の一つの心意気を示したものと言えるだろうか。

大阪に生まれ、旧制六高から東京帝国大学に入学して以来、東京在住の亀島が、なぜ縁もゆかりもない群馬県の県立高校教員に赴任することになったのか。それに対する直接の回答はないまでも、高校教員としての亀島の心情の一端を吐露したのではないかと思われる箇所がいくつかある。たとえば、「過去において、私が東京帝国大学出身者であるために生じた、不必要な警戒や、見当外れの嫉視や、それに因由《いんゆう》する理由不明の攻撃や、結果としての不当な冷遇やは、そのために生じたとるにたりぬ利点を遥かに上廻るものとして存在した」〔同書、三七頁〕という「神藤」の述懐は、当然亀島自身の心情にも共通するものだろう。「神藤」の次のような思いも、亀島自身の思いとどこかで似通ったものだったのではなかったか。

「いかな私といえども、碌々《ろくろく》と、新制高校の、しかも、県下でも二流、三流のそれの、一教師たるに完全に満足した訣〔ママ〕ではない。文化系統の学部といえば、旧師範系の学芸学部しかもたぬ地方大学とはいえ、それでも国立大学であるには違いない、その大学へ、やがては、何らかの形で、坐るべき椅子を探しあてることも、かつて一再ならず、その席にあった私としては、極めて自然な希望であった。」〔同書、三七頁〕

亀島が伊勢崎高校に赴任した一九五一年、まだ創作の筆を折ったわけではなかったものの、同人誌にいくら書いたところで収入にはならない。編集者として勤務していた八雲書店も倒産している。高校教師という生業は、とりあえずは折り合いのつくものだったとはいえ、田舎の高校教師のまま終わるわけにはいかないという思いもまた当然あっただろう。

亀島は、高校教員を退職した翌年一九八二年から一九九七年まで、「海燕の会」主催で月に一回程度の講演会を実に九三回行なっている。テーマは、漱石論が中心ではあるが、文学全般に及ぶ。取りあげた作家・知識人は、漱石以外に、吉田松陰、二葉亭四迷、森鷗外、北村透谷、樋口一葉、石川啄木、野間宏、大岡昇平、梅崎春生、武田泰淳、長谷川四郎、原民喜、島尾敏雄と多岐に渡っている。[*] 参加した人によれば、毎回大量の資料が配られ、聴衆を飽きさせない名講演であったという。そして漱石に関する講演会については、主催の「海燕の会」によってその記録が三〇冊ほど簡易製本冊子にまとめられている。「旧師範系の学芸学部しかもたぬ地方大学」＝群馬大学で「国文学」の講義をこなすくらいは訳のないことだったろう。なすべきものがある人間にとって、研究時間、研究費、研究環境が保障される大学教員のポストは魅力的でなかったはずがない。

＊ この点については、島田高志「亀島貞夫略年譜」（私家版）に依っている。

ただし、「神藤」の口を借りて語らせている大学教員への「上昇志向」は、それを文章化した一九七二年当時にはもはや解消されていたと思われる。自身が望めば、学術誌や商業誌に論考を載せることも可能だったはずだし、そうすれば「上昇」への道も現実的になっただろうが、むしろ避けるようにして同人誌的なものにしか執筆していない。

伊勢崎高校事件では、結果として「木曜会」側の行動は不問に付されることにはなったが、当時の群馬の政治的風土においては「望ましくない教員」のレッテルを貼られたことは間違いないだろう。だからこそ、この事件を通して、亀島は群馬の高校教員として居直ることを決めたのではないだろうか。そして、「県下でも二流、三流の」伊勢崎高校から県ではトップの前橋高校に異動することによって、亀島は、国語教師としての愉楽も覚えるようになる。

第二節　文学者と教師のあいだで

教材としての「舞姫」と「絵本」

その後、亀島貞夫は、一九五九年に前橋高校に赴任し、一九七三年までの一四年間、教鞭をとった。「その高校では、ときたま、グウタラな教師であった私を震撼せしめるていの「秀才」や、「才能」の持主やが現われた」〔亀島、一九八五、一頁〕という言辞をそのまま額面通りに受けとるとすれば、亀島は、自分の学識や才気に即妙に応えてくれるような生徒たちと巡り合ったことになる。

自衛隊上がりの教員から、軍事教練と紛うような「体育」を中学校時代にたたき込まれていたような生徒は、前橋高校に入って亀島の授業を受ける度に目から鱗が落ちる思いであったという。たとえば、「健全な精神は健全な身体に宿る」と中学校時代に教えられ、だからこそ「真人間」になるべくクラブ活動等で日々身体を鍛えなければならないと思い込んでいたが、実は、その「標語」の基になっているのは、古代ローマの詩人ユウェナーリスの「あなたが、神々に何かをお願いしたいのならば、……健全な身体に健全な精神を与え給えと祈るがいい」〔ペルシウス／ユウェナーリス、二〇一二、二五八頁〕という『諷刺詩』の一節だったことを知る。つまり、「健全な精神が健全な身体に宿ることは稀である」という現実があるからこそ、そうした祈りの言葉が生まれる〔水野、一九六七、七三頁〕。道徳律の逆説的なからくりがこうして歴史的に暴露されると、少年の心にも「真実」を知りたいという知的な欲求が疼きだす。亀島の「倨傲」な風情も、世俗に染まらぬ知的気高さに通じる。「故意としか思えぬ強い大阪方言の野卑な言葉」もまた、名授業を身近なものにさせる。もう亀島の授業が待ち遠しくてたまらなくなった。

亀島が国語教育に関して書いた論考が二つ残っている。森鷗外「舞姫」と田宮虎彦「絵本」をどう教えるのか、「指導要領」の類がその文学作品の理解にはほど遠い内容になっていることへの批判を込めて、高校における国語教育のあり方を問うた論考である。『上毛国語』に一九六七年と一九七三年に掲載された。

「舞姫」は、ここで説明するまでもないが、帝国大学法学部を一九歳で卒業し、キャリア官僚となった太田豊太郎がベルリンに留学し、その地で貧しく薄幸の踊り子エリスと出会い、別れるまでを描いた短編である。帰国の日は近づくが、学問上の成果は上げられず、さりとてこの地にとどまるには資金がないという苦境を、友人の相澤謙吉が助けてくれる。そして、学識、才能のある豊太郎はエリスとの「目的なき生活」〔森、一九七九、四三九頁〕に終止符を打つべきだと忠告する。豊太郎の子どもを懐妊したエリスは、治癒の見込みのない「パラノイア」と診断され、施療院に収容されることになる。豊太郎は、エリスの母に幾ばくかの金を渡し、生まれ来る子どものことを頼む。最後は、「嗚呼、相澤謙吉が如き良友は世にまた得がたかるべし。されど我脳裡に一点の彼を憎むこゝろ今日までも残れりけり」〔同書、四四七頁〕と結ばれている。

この作品が高校「現代国語」の教科書に載り、『学習指導の研究』や「鑑賞指導」で、いかに教えるべきかの「手引き」が書かれている。前提として太田豊太郎が文豪・鷗外の分身と捉えられている故もあってか、*「読みちがえの最たるものは、エリスの哀れな結末に心奪われ、その加害者を豊太郎個人と見る」ことだとされ、悲劇の責任は、「明治社会」という外部に帰着される。

＊　この小説が「私小説」でないことは言うまでもない〔小平、二〇〇六、二一一―二六三頁〕。なお、「エリス」のモデルについては、近年に至るまで諸説が展開されている〔植木、二〇〇〇／六草、二〇二〇、二〇一三〕。

「何という都合のいい「明治社会」、そこでは個人責任は一切解除され、殆んどあさましいまでの「念」が痛切な同情に値いし、見当外れを含む「憎む心」が訣《ママ》の分からぬレジスタンスとやらへまで昇格するのか。」「百年前に罪を被せることで、百年後の無罪をかすめとりかねない、そんな手口は少なくとも教育のものであってはならぬだろう。」〔亀島、一九六七a、一一六頁―一一七頁〕

ここには、時代に翻弄された「わだつみ世代」の意地のようなものが感じられる。『きけ わだつみのこえ』が図らずも流布させてしまった、学徒兵の「意気地なしの泣言と言える根性の弱さ・精力《エネルギー》の稀薄さの部分」を、亀島が「わだつみ世代」全体の特質ではないとして痛烈に批判していたことがここで想起されよう。

そう、「明治社会」に責任を負わせる解釈は、まさに悪しき「わだつみ世代」の思考法そのものである。時代に罪を被せてしまえば、「悲劇の主人公」になることはできる。逆境のなかで精一杯頑張りましたと涙を流すこともできる。しかし、「悲劇の主人公」として、無辜を装うことほど卑怯なことはない。

亀島が〈白日の記録〉シリーズで示した畢竟のテーマは、自身の素顔の過去と向き合わない限り、自身の戦後は展望できない、ということだろう。「共匪」や「匪化民」に対する日本軍の不必要な残虐行為は、戦時中だからという理由で許されるのか。その残虐行為に参加しないまでも、傍観することでそれに事実上加担していた自分に対しても、問いは突き上げてくる。「これからの人生を、青春といってもいい、おのがじし震える足で踏み出そうとして、いわば暗中模索の状態にある少年たち」（同書、一七頁）、つまりは戦後の新しい日本を担うべき少年たちに、予め「逃げ口上」を与えるような「教育」はあってはならない。自己と向き合う内面的葛藤こそが導かれるべきだと亀島は考える。

だから、一五〇人の生徒のうちでたった一人ではあっても、「エリスの如き、いわば愚かで、素性も知れぬ娘のために前途の「巧名と栄達」とをすてるのは愚の骨頂であり、その意味で、相沢の忠告、更には、豊太郎の行動は人間として当然のことにすぎぬ」（同書、一七頁）という意見に、亀島は「瞬時呆然とし、戦慄をすら感じた」という。地方の進学校であれば、当然そのような意見をもつ立身出世型の生徒がいても不思議ではないし、むしろそのような意見が表出されないほうが、自由闊達な授業には相応しくないとも言えるだろう。教師には、一つの意見として聞き流すこともできたはずだが、亀島は、「教師はこの種の砂漠を少年の心から消滅することに、この不毛との闘いに、自らを賭けねばならぬものだろう」〔同書、一七頁〕とまで踏み込む。この心情は、むしろ「教師の本分」を越えている。

田宮虎彦の「絵本」は、戦時中の貧しい大学生の「わたし」、安下宿の隣の部屋にいる「中学生」、大家一家の子どもである「少年」の三人が主要登場人物である。「わたし」は憧れだった帝国大学に通ってはいるものの、筆耕のアルバイト等でかつかつの生活を送っている。友人に僅かな金を無心しても、断られてしまう。「中学生」は、兄が捕虜の辱めを受けた身であることから差別され、挙げ句に盗みを働いたと疑われて、疑いは晴れたものの首吊り自殺をする。大家の「少年」は、レンガを投げつけられた背中の傷が原因で床《とこ》に伏せる生活を送っている。「わたし」は、新しく見つけた仕事で得た金で、アンデルセン童話の美しい絵本を買い、それを「少年」にプレゼントする。そこで物語は終わる。

田宮よりも一〇歳年少であるとはいえ、同じ帝国大学文学部に身を置いた亀島には、田宮が創作する「わたし」が「いかにも不自然」と映る。「(旧制)高等学校―帝国大学というコースに身を置きえたものが、窮してそくばくの金銭を貸りに行くことの出来る程度の友人をすら、一人ももちえなかったとするのは明らかに不自然である。そして、この不自然が、しかし、「わたし」にとって、〝真実〟であったとするなら、残酷な言いようになるのを恐れねば、「わたし」の側に、何らかの、重要な、性格上の欠陥が存したと考えるしかない」〔亀島、一九七三、九頁〕。

また、「富裕、もしくは、支配の、一定の恵まれた条件にある人物群」と「貧困、また、窮迫の不幸な人物群」〔同書、一〇-一一頁〕を図式的に対比させる構図は、善玉・悪玉物語の形を踏襲している。「勧善懲悪イデオロギーによる、悪玉の敗北・善玉の逆転勝利の形式が避けられているにすぎず、その対比の瞭然さに関する限り、最も図式的・教条的プロレタリア文学作品といえども、三舎《さんしゃ》を避《さ》くといって過言ではない」〔同書、一一頁〕。

このような批評は、「図らずも、平野謙の塁に拠って田宮虎彦を撃つ」〔同書、一二頁〕、つまり、平野の一九五七年の論考を下敷きにした、と見られかねない旨を亀島自身が註記しているが〔同書、一二頁〕、平野の批評は、『愛のかたみ』〔一九五七年〕に見られる、田宮の亡妻への思いに対する違和感に発するもので、「絵本」についての内在的な分析は見られない。

「『絵本』一系の作者をいやらしい男と断ずる女性がいても、私にはあんまり不思議ではない。そこには、自己の弱点を誇張して相手におもねろうとする一種の女々しさがあり、そのべとつくような女々しさは私小説固有の被害者的ポーズとは微妙に異なっている。むしろ、それは弱気をよそおって女をくどきおとした男の口説に似ている。」〔平野、一九七

五b、二六五頁／亀島、一九七三、三頁〕

もし亀島がこの平野の論考に触発されたとすれば、それは「自己の弱点を誇張して相手におもねろうとする一種の女々しさ」という箇所だったのではないか。それは、亀島にとっては、まさに『きけ　わだつみのこえ』の「意気地なしの泣言と言える根性の弱さ・精力《エネルギー》の稀薄さの部分」を彷彿とさせるものだったと思われる。亀島から見れば、およそ自分にとっての「真実」とはほど遠い「絵本」の不自然さは、『きけ　わだつみのこえ』の不自然さと通底するものがあったはずである。

読者を罠にかけるように仕組まれた不実な物語、真実のない物語を十五、六歳の少年少女に「与うべきではない」。それは、彼らのもつ、若いがゆえに柔らかくもある感受性をむしろ削いでしまう危険性をもつ。

「年少にして未熟なるを免れぬ、免れぬと同時に、気鋭でも、当然、ある、むしろ、あらねばならぬ、あらしめねばならぬ、十五、六歳の少年少女に、過去を考え、現在を生き、未来を望む、生理的必然をもってしてもそうあるに違《たが》わぬ彼らにとって、不向き、不適当である」〔同書、四頁〕

では、亀島は、高校国語教師として、どんな作品を生徒に向かって推奨するのだろうか。

『適書150選』と岩波文庫『100冊の本』

『適書150選』は、前橋高校の教師陣が独自に適書一五〇冊を選び、紹介文を附して新書判にまとめたものである。一九六一年三月に初めて刊行され、全生徒に配布された。そこには、前橋高校は大学受験に力を入れる単なる進学校ではなく、高い文化性も保持しているという主張が込められていたのだろう。誇り高き教師たちの一種の「アリバイ工作」という風評もあった。その意図はともかく、「適書」選定には自由度が高いだけに、選択・紹介する教員の側の力量が問われたのは確かである。

同じ一九六一年の七月、四カ月遅れで、岩波書店は『一〇〇冊の本――岩波文庫より』という小冊子を刊行している。岩波文庫二七〇〇点のなかから、「若い人々のために読書の指標を立てることを目的にして」、一〇〇冊を選んだ。選者は、臼井吉見、大内兵衛、大塚久雄、貝塚茂樹、茅誠司、久野収、桑原武夫、武谷三男、鶴見俊輔、中野重治、中野好夫、松方三郎、丸山眞男、山下肇、渡辺一夫の一五名である。体裁も同じ新書判で、上下二段組、一頁で二著作を紹介するという形式も同じである。

岩波書店広報誌『図書』では、前橋高校の『適書150選』を「よく出来ているのに敬服した」と紹介し、『150選』のなかに、岩波書店の出版物が一〇一点、『一〇〇冊の本』のうちの三五冊が選ばれている点が指摘されている（『図書』一九六一年九月号、三二頁）。『一〇〇冊の本』は、岩波文庫という限定があるために、自《おの》ずから古典的著作が多く、また、古今東西、各分野に満遍なく目が行き届いている。『150選』のほうは、「日本の文学」に厚く、評価の定まっている古典的著作だけではなく、同時代の高橋和巳、大江健三郎、遠藤周作、堀田善衞らの著作が積極的に選ばれている点に特色がある。

日本を代表する錚々たる知識人一五名に対して、片や、田舎の高校の「しがない」教員連一四名がほぼ同じ課題に挑んだ。野球に譬えるならば、プロ野球のオールスターチームに草野球チームが挑むようなものである。ただ、その草野球チームに、かつてプロ野球でも嘱望されたことのあるエースがいて、そのエースを中心にチーム一丸となって裂帛の気合で迫れば、物見遊山気分で暢気に構えているオールスターチームに一泡吹かせることもあながち不可能ではない。

「気合の違い」は、『適書150選』の場合、「目録」への徹底的な相対化が図られている点に見ることができる。『一〇〇冊の本』の「まえがき」として桑原武夫の書いている「この百冊の本を」を見ると、当然のように、この一〇〇冊の選択について迷うところがない。

「甘美なもの、深刻なもの、感情をゆさぶるもの、思想に切りこむもの、内容は様々だが、いずれも興味ぶかいこの百点を読むうちに、若い心情がゆたかにきたえられ、やがて自由に、しかも自分に即してほかのよい本を選びうるようになることを、私は疑わない。確信をもって、まずこの百点をすすめる。」〔桑原、一九六一、二頁〕

半世紀以上が経ち、価値観が多様化している現在の視点で見ると、官僚の書いた作文のようで、若干「陳腐」な印象は拭えない。方や、「しがない」チームのエースは、「この種の「目録」は誰がどんな風にして造ってみたところで、もうこれでよしということには元来なるまい」〔亀島、一九六一、九九頁〕という諦念と自己批判の言葉から始めている。

「すべてお仕着せの、規格版の、既製《レディ・メード》の、しかも下賜品・配給品をただ有難くうけとり、要領よく消化しさえすれば能事畢《のうじおわ》れりとするような、言いようなく安値《あんちょく》な、精神の硬化現象、バカな秀才が出たりしては、これはもう醜悪な怪物としかいいようがない。しかも、それが、柔軟な精神の、自由な開花・美しい結晶そのものであるはずのこれらの書物をうけとる側に、或いは、うけとる行為そのものの中から生れて来たというのでは、愚劣な茶番ともいえまい。……だから畳みかけていおうなら、ここにある一五〇冊から諸君はまず、自由であるべきだろう。これは諸君を縛るためのものとしてあるのではなく、ましてこれ以外のもろもろの書物から諸君を保護、もしくは隔離するためのものとしてあるのではなく、どこまでも豊饒な沃野への小さな手引き草、杜撰な案内書として、つまりは利用さるべきものとしてあるにすぎないのだから。さよう、利用する、しないは純然たる諸君の自由に属する。」〔傍点は原文。同書、一〇一―一〇二頁〕

高校生に向かって、自分たちのつくった「杜撰な案内書」を乗り越えろと鼓舞している。その点で、桑原武夫の「営業的な」自己推奨文よりも迫力があることは確かだろう。「目録」をどうつくったところで「杜撰」たらざるをえないとは言っても、そこに記載された文学の価値それ自体否定しているわけではない。しかし、徹底した文学青年であった亀島には、同時に、岩波文庫の「赤帯」（外国文学）や「青帯」（哲学・思想等）をどれだけ読み漁ったとしても、極限状況において、そんなものは実は何の役にも立たないこともまた意識されている。その諦念があるからこそ、若い世代への期待に「営業用」でない「実」が込められている。

芭蕉の言う「夏炉冬扇」としての「風雅」（伊藤松宇校注、一九二八、一八頁）は、「無用の用」という逆説を含みうると思われるが、おそらく亀島はそのような文学観に首肯しないだろう。極限状況における精神のあり方に一向に役立たないとしたら、「無用の用」等と洒落ていること自体が滑稽に見えてくる。人生を賭けるべきものとしての「文学」と、人生に何の役にも立たないクズのような「文学」とのあいだの激しいギャップが、亀島のなかで一種のうねりをつくりだし、エネルギーを放出する。「どうだ、これを読んでみやがれ。クズかどうか命懸けで確かめてみろ」という気魄がこちら側に迫ってくる。

「第四版」（一九六九年）を見ると、第一部「日本の文学」六〇冊、第二部「世界の文学」五〇冊、第三部「思想・歴史・社会」が二五冊、第四部「自然科学」が一五冊選ばれているが、そのうち、亀島が担当したものは、第一部・二〇冊、第二部・一六冊、第三部・三冊、第四部・一冊、計四〇冊で、他の教員を圧倒している。

高校生に向けられたものだから、当然「公正中立」的な配慮が働き、個人的な好みから選んでいるわけではないにせよ、そこには自《おの》ずから色合いが滲み出てくるのは防げない。亀島の選んだ四〇冊は以下のとおりである。

阿川弘之『雲の墓標』（一九四五年）、石川啄木『一握の砂』（一九一〇年）、伊藤整『若い詩人の肖像』（一九五四年）、井上光晴『ガダルカナル戦詩集』（一九五九年）、大岡昇平『野火』（一九五一年）、大江健三郎『万延元年のフットボール』（一九六八年）、国木田独歩『運命』（一九〇六年）、斎藤茂吉『赤光』（一九一三年）、志賀直哉『暗夜行路』（一九三七年）、高橋和巳『邪宗門』（一九六七年）、太宰治『人間失格』（一九四八年）、田宮虎彦『足摺岬』（一九四九年）*、中野重治『歌のわかれ』（一九三九年）、野上弥生子『迷路』（一九五六年）、野間宏『真空地帯』（一九五二年）、萩原朔太郎『純情小曲集』（一九二五年）、福永武彦『海市』（一九六八年）、堀田善衛『若き日の詩人たちの肖像』（一九六八年）、正岡子規『病牀六尺』（一九〇二年）、三好達治『測量船』（一九三〇年）、以上第一部。

ジャック・ロンドン『白い牙』（一九〇七年）、ヘミングウェイ『武器よさらば』（一九二九年）、スタインベック『怒りの葡萄』（一九三九年）、プレヴォ『マノン・レスコオ』（一七三一年）、スタンダール『赤と黒』（一八三〇年）、ゾラ『ジェルミナール』（一八八五年）、ジッド『贋金つくり』（一九二六年）、マルロー『人間の条件』（一九三三年）、サルトル『自由への道』（一九四五年）、カミュ『ペスト』（一九四七年）、リルケ『マルテの手記』（一九一〇年）、プーシュキン『大尉の娘』（一八三六年）、ショーロホフ『静かなドン』（一九四〇年）、レールモントフ『現代の英雄』（一八四〇年）、ゴーゴリ『死せる魂』（一八五五年）、トルストイ『戦争と平和』（一八六九年）、チェーホフ『桜の園』（一九〇三年）、以上第二部。

三木清『人生論ノート』（一九四一年）、エドガー・スノー『中国の赤い星』（一九三七年）、河上肇『自叙伝』（一九四七年）、丸山眞男『現代政治の思想と行動』（一九五七年）、以上第三部。

今西錦司他『日本動物記』（一九五四年）、第四部。

＊　田宮虎彦「足摺岬」は、亀島が一九七六年に「それを与うべきではない」として酷評した「絵本」と同系列の作品である。平野謙は、「『絵本』『菊坂』は二流の小説作品であり、『足摺岬』にいたっては三流の文学作品にすぎない」（平野、一九七五b、二六四頁）と評し、それを亀島も引用している（亀島、一九七三、三三頁）。しかし、一九六九年版の『適書150選』では、「足摺岬」は、「作者自らの暗い、しかもやはりいとほしみきれぬ青春の日々を描き出した美しい作品群の、これは頂嶺に位置する」（前橋高校、一九六九、三二一頁）と紹介されている。

『適書150選』と戦争体験

『適書150選』の亀島担当分のなかで、自身と直接関係のある太宰治や中野重治、大岡昇平、野間宏、丸山眞男が取り上げられているのは、ある意味では当然だが、やはり「戦争」が一つのキーワードになっているように思える。

井上光晴については、一般に代表作と目される『虚構のクレーン』（一九六〇年）や『地の群れ』（一九六三年）を措いて、『ガダルカナル戦詩集』を亀島は選んだ。

「これはよみいい小説か？　これは読みいい小説ではない。これは分りいい小説か？

これは分りいい小説でもない。それなら、これは面白い小説ではないか？

いや、これは他のいかなる作家のいかなる作品にも発見しえぬ面白さに充ち充ちた小説だ。もし君の眼が霞んでいず、君の歯がムシくっていず、君に硬質の情緒と、堅固な心とがあるなら。難解ということが時にこの上なく魅力的でありうるということを、この小説は教えてくれる。薄荷入りボンボン愛好者ははじめから近づかぬがいい。ここにあるのは「戦争をめぐる作者の原体験という」（平野謙）ものだ。そいつは重い。そいつは暗い。そいつはどろどろ澱み、醞釀《うんじょう》し、発酵し、絡み、縺《もつ》れ、この「平和」に鋭利で分厚でぎらぎら光る刃をつきつけてくる。そこで人はもう再び懶《ものう》い午後のまどろみに浸れなくなる。これが文学というものだ。」（同書、一六頁）

この挑発的、煽動的な文章を真に受けて、戦後生まれの高校生が『ガダルカナル戦詩集』を読んだとしても、おそらく「これが文学というものだ」という実感に浸ることは難しい。

吉田嘉七による三二頁立ての『ガダルカナル戦詩集』が一九四五年二月に毎日新聞社より刊行された。井上の同じタイトルをもつ小説は、戦争末期に、入隊直前の者を含めた若者中心の読書会がこの詩集を入手し、各人がそれぞれの戦争への思いを秘めながら、その詩について語り合うという構成をとっている。井上自身は、「戦争と戦後は断絶しているものではなく、自分のなかの戦争は現在もまだ呻《うめ》きをあげている」として、「自分の中の戦争との徹底的な容赦のない対決」のためにこの小説を書いた、と自作を解説している（井上、一九八八b、一〇四九－

一〇五〇頁〕。そのために主人公は、徴兵を忌避するために密かに自らの身体を痛めつけながらも、『ガダルカナル戦詩集』に「抉《えぐ》るような感動」を覚える愛国少年という二面性をもつ人物として設定されている。井上の作品世界に入っていくためには、吉田嘉七の詩集への共感から始められなければならないが、たとえば「粥」という詩、「いざ食らえ、／わが戦友《とも》よ。／食らわで死にしわが戦友《とも》よ、／これぞこの米の粥ぞ。」〔井上、一九八八a、二四六頁／吉田、一九七二、五三頁〕に、戦争から遠く隔たって、高度経済成長期の豊かさを享受している高校生が震えるような思いを抱くことができるだろうか。

これは、「亀島の世界」そのものである。「白日の記録」で、「その色んな悪臭のたちこめる場所を、矢張愛し続けるだらう。いや、僕は愛し続けねばならない」〔亀島、一九四八a、四六頁〕と軍隊生活を振り返っていたことが、さらには、「戦争が私のなかで今も決して消えぬ限り、（それは消えぬ。消えるいわれがない。）その戦争の対蹠者としての「戦後」は、渝《かわ》ることなく、その重い意味をもちつづける」〔亀島、一九七〇、一頁〕と一九七〇年の時点で書いていたことが、ここで再び想起される。言わば「反戦」と「好戦」が拮抗する、戦中の若者たちの真摯な自己矛盾を、戦後世代がどのようにして引き継ぎ、かつ、乗り越えて、「平和の思想」を自らのものとして構築していくのか。そうした難題を、亀島は井上作品を通して、高校生たちに突きつけているように見える。

『適書150選』の末尾には「先生方の一冊の本」というコーナーがある。亀島は、中野重治『楽しき雑談』（筑摩書房、一九四九年）を一冊の本として選んだ。

「君にこういう経験があるか。本屋に入る、書棚を眺めて行く、と、眼がそこに、その名に、殆んど吸いよせられるように、止り、途端に、烈しい動悸が胸をうち、あっ、ここにいたのか、ここに、他ならぬあなたが私を待って、ひっそりと、さりげない顔して、ここにいてくれたのか、その時、とりだす指が微かに震えたとしても、どうして心の弱さといえよう。いや、そういう作家・著者が君の前に現れるまで、君は「本喰い蟲」の悦びから無縁であるといってさえいい。

――昨日に変らぬ、明るすぎるためにかえって虚しい想いを誘い出さずにはおかぬ空が眩しい陽光を氾濫させていた。マングローブの入りくんだ根を浸す潮は、眼をやれば淼々《びょうびょう》と涯ない彼方に、無限の厚ぼったい重さをたたえて、耀きながら拡がっていた。いくさに敗れ、俘囚として、私は南の小さな島で、文字通り、藻塩やく身であった。南の陽は私の肌を灼き、私は激しい期待と、その期待の遽《にわ》かには実現せぬ日々の焦燥とに痩せていた。その時、それが私を訪れた。いや、襲ったといっていい。幾人もの手をへめぐった末に、表紙の半ばちぎれかかった一冊の雑誌の中で、私は長い昼の、午睡に入る前の一刻を、それにあてるだけの、そんな何気なさで読みかけたのだったが――。日本が私の中で再び激しく甦る。私の中で日本が軍服をぬぎ、捲脚絆《まききゃはん》*をとり、異なる汗と血をもって立上る。半歳の後、私は日本に還る。家族と恋人と、そして、その人のある日本に、奪われた青

春の奪還のために、日本への愛に生きるために。」〔前橋高校、一九六九、一一〇頁〕

＊　一般には「巻脚絆」と表記する。ゲートルのこと。

前半は、高校生向けに読書の愉楽について書かれているが、後半は、本書第二章で紹介した、中野の「ペタンと安藝海」（「楽しき雑談」第六回）との出会いについてのものである。しかし、その内容については一切触れられていないし、なぜ感動したのかも説明されていない。高校生がたまたま『楽しき雑談』を手に取ってみたところで、亀島の思いに辿り着くことはありえないだろう。「その人のある日本に還る」と言われても、帰国後、八雲書店の編集者として中野重治の家を訪れるという喜々としたストーリーを踏まえないと〔亀島、二〇〇七、八-九頁〕、その高揚ぶりもわかりにくい。亀島はここで「教育的効果」など毫《ごう》も考えていないだろう。原文では、「淼々」にも「捲脚絆」にもルビはない。[＊]しかし、相手のことなど考慮せずに、己の心情を直截に書くからこそ、不親切な文章ではあっても、逆に高校生にも伝わってくるものがある。それが決してお座なりに書かれた文章ではなく、そこに止むに止まれぬ想いがあるということだけはわかる。そうなればもう、「一冊の本」としての役割は充分に果たしている。

＊　亀島自身は、ルビを振らないことがむしろ「教育的」であると思っていたらしい。「顚倒（てんとう）」、「困憊（こんぱい）」、「華胥（かしょ）」等について、「この字がよめぬ？　字引を引け」〔亀島、一九六九、一九頁〕と突き放している。

『進学の手引』と大学紛争

『適書150選』では、高校教員の立場を忘れて好き勝手に振る舞っていた感のある亀島だが、東京帝国大学出身の進学校教員としては、その高校の最大の目標である大学合格実績にコミットすることが当然のように要求される。前橋高校は、「毎春、東大合格者が何名いるかがさも重要な何かであるように取沙汰されたりもする学校」〔亀島、一九八五、一頁〕だった。亀島は「進路部」に属し、毎年発行される『進学の手引』なる冊子に、一時期、受験生への「激励文」を書きつづけた。

加藤周一、なだいなだ、小田実、中野重治、正岡子規等をもちだして、それなりの風合いを出してはいるものの、所詮は目的のはっきりした「実用文」である。高校生相手に宥《なだ》めすかし、叱咤激励し、「しっかり受験勉強をして大学入試に合格せよ」という最終的なメッセージは貫かれなければならない。「私を震撼せしめるていの「秀才」や、「才能」の持主」がいると煽《おだ》て上げてもいる亀島だが、受験勉強など片手間でこなしてしまう「秀才」が「わが前橋高校に籍を置く諸君の中に」いようなどとは、「心当たりがどうも私にはつきかねる」〔亀島、一九六九、一二頁〕と釘を刺してもいる。

自分自身も出来の悪い、勉強嫌いの生徒であったという亀島の告白は、真面目にこつこつと勉強せざるをえない心境に高校生を追い込む効果はあるだろう。「〔旧制〕高校受験失敗の後、私は1年間、来る日も来る日も、代数と幾何の参考書をひろげては、計算用紙にxやyや、円や三角やをかいていたものです」〔亀島、一九六八、一三頁〕。「私は、……幼少時、「頭の悪い」complex に、ダニの如く、とりつかれ、時には天を仰いで長嘆息し、時には、眠れぬ夜の床に無念の歯ぎしりを噛みならし、ますますもって、「アレはアカン。」と家族一同ひたすら閉口、「6人の兄弟、1人くらいは出来損ないあってもシャアナイが」と、ひそかな憫笑《びんしょう》を浴びたものです」〔亀島、一九六九、一七頁〕。

ところが、旧制六高入学後は、逆に「頭の悪い」ことの重要性を知ったという「倨傲」な面も見せている。

「当時、〝天下の秀才〟を集めたといわれる高校も大したことはあらへんがと、すっかりいい気になり、また、事実、オドロクベキ「頭の悪い」連中が寮に、クラスに、また、クラブに、仲々存在し、これは東京帝国大学へ進んでも、事情に変りなく、加えて「頭の悪い」のにも幾通りもあり、殆ど厳粛なばかりのそれこそが偉業をなすものであることも朧げには分ってき、自らに対しても、もう少々徹底して頭が悪ければ、或いは、かえって、なすところあったのではないかと、とんと奇妙な夢想にとりつかれる程にもなったくらいです。」〔同書、一七頁〕

さまざまに脱線しつつも、「実用文」としては、「大学合格」という目的から逸脱するような夾雑物は避けるべきところだが、しかし、一九六八―六九年については、合格すべきその「大学」が機能停止に陥るほどに混乱していたのだから、それに対する言及があって然るべきではないだろうか。一九六九年一月一八―一九日のいわゆる「東大安田講堂事件」の後で三月の入試が中止になっても、つまり「東大合格者数」がゼロという異常事態があっても、亀島はそれに触れようとしない。いや、問題は「東大合格者数」ではない。大学や学問の存在意義が問われているときに、「受験勉強をまじめにやれ」という変わらぬメッセージを送りつづけることの「鈍感さ」は、高校教員としての自制のゆえだったのか。

一九六九年版ではさすがに『週刊朝日』（一九六九年六月二〇日号）の「有名高校にひろがる大学進学拒否」という記事を取り上げてはいる。しかし、「ドロップアウト」などというものは、「見当外れの願望や憧憬」であって、そうした「坊やの甘ったれ」から決定的に離脱すべきことが一方的に説かれている。「現場をdrop outするのではなく、あくまで現場に止って、現場での充実＝〝煮詰まった時間〟の延長線上に、明日の……「願望」をかちとることです」（亀島、一九六九、一六頁）。

おそらくこの文章を私は高校生時代に読んでいる。亀島が他校に転出した後、図書室にあったバックナンバーを読んだのだと思う。そして、この文章にだけは強い違和感をもった。ただのオヤジの説教のようにしか感じられなかった。とくに、「甘ったれ」という言葉が、「自立もしていない浅はかな若輩者」という意味で繰り返し使われていることに鼻白んだ。保健室の養護教諭の「亀島先生も、あんたたたちと同じ、甘えん坊よ」という言葉を思い起こしもした（序章参照）。「甘ったれ」などという高圧的な言葉で人を斬るのならば、その刃が自分に返って来ることを覚悟しなければならない。亀島自身が、安田武らの「わだつみ世代」の言動に対して、怒りを込めて語ったときのように。

亀島がこの文章を書き上げた日付は、一九六九年七月二八日となっている。その約二カ月前の五月二〇日に、立命館大学で事件が起こった。大学当局が京都府警四〇〇人の機動隊員・警官を大学構内に導入するという騒動のなかで、「平和と民主主義のシンボル」とされる「わだつみ像」が「全共闘派学生」によって、「根元からもぎとられ、首になわをつけてひきずりまわされた。そのためわだつみ像は、頭が割れ、腕が折れた」（『朝日新聞』一九六九年五月二〇日夕刊）。「全共闘派」の大学院生は、破壊の理由について、次のように語っている。「戦争はいや、平和が好き――というだけなら戦没者慰霊碑を建てた体制側の人でも口にすることだ。もはや体制のものでしかないのに平和のシンボル視してみずからはいまの世の中に安住している人たちへの告発としてこれを破壊した」（『朝日新聞』一九六九年五月二一日大阪版）。

「蛮行」への非難が大勢を占めたとは言え、「わだつみ世代」や「わだつみ会」のなかからはさまざまな声が聞こえてきた。安田武は、「彼ら〔わだつみ像を破壊した学生〕の無知と無恥に絶望せざるをえないのだ。アルジェリア独立戦争に参加して斃《たお》れ、すぐれた「暴力」論を残したフランツ・ファノンは、その暴力論のなかで「民族の体験を、市民一人一人の体験たらしめること」の意義をくりかえし強調している。おなじ暴力でも、わが全共闘派の暴力は「民族の体験」そのものを破壊することでしかなかった」〔安田、一九六九、一〇五頁〕と、正面から破壊行為を非難する。

しかし、安田と同じわだつみ会常任理事の田中仁彦となると、かなり趣が変わってくる。「平和と民主主義の破壊などといきりたつ前に、果してそれをいう資格があるかどうか考えてみる必要があるだろう」（田中、一九六九、一〇九頁）として、「『わだつみの理念』をもう一度つきつめて反省すること」と、自省的な弁を語っている。高崎隆治は、「年に一度『像』のかげにかくれて非戦・反戦の誓いをお題目のように唱える者がいるのなら、『像』などはむしろぶちこわした方がいいとさえ思っている」と言う。「そんな回顧趣味やいつわりの自己正当化によって『平和』が保てる」（高崎、一九八九、一四八－一四九頁）のかと問題を投げ掛けてもいる。事件の前年の一九六八年まで立命館大学教授を務めていた星野芳郎は、「韓国にたてれば、たちまち破壊されてしまうような像を、いまだに平和運動の象徴としている立命館大学の鈍感さは、責められるべきであろう」（星野、二〇〇六、三九－四〇頁）と、むしろ立命館大学側を糾弾している。* 戦争や戦没学徒兵へのそれぞれの思いが乱反射する。

＊　星野は安田らと同じ一九二二年生まれだが、理系の学生であったために、「入営延期」措置により、「学徒出陣」から八カ月遅れで海軍に入隊している（同書、九七頁）。

亀島も、この事件に対しては、「わだつみ世代」の一人としても、大学に生徒を送り出す高校進路部の教員としても、某《なにがし》かの感想があるだろう。その語られざる思いを聞いてみたかった。ただ、戦争体験に拘泥するあまり、亀島の政治的な時間は、一九六九年以前のどこかで止まってしまっているようにも感じる。

第三節　道化とトリックスター

太宰治を見る眼

亀島と太宰治とは、浅からぬ因縁があったことは先に述べた。亀島は戦後、一九四七年に八雲書店に編集者として入社して、中野重治や太宰治を担当していた。太宰が山崎富栄と入水自殺を遂げるのは、一九四八年六月一三日のことだから、作家と編集者とのつきあいは、「精々が半歳余、どんなに長く見積もっても一年」〔亀島、一九八一、三頁〕だった。とは言え、亀島の述懐によれば、死の一週間ほど前に編集者として最後に会ったのが、新潮社の野平健一と亀島の二人だった。*

＊　なお、『太宰治全集』（筑摩書房）には、亀島宛書簡三通（一九四七年一一月二二日付、一九四八年二月一七日付、一九四八年三月三一日付）が収められている〔太宰、一九九九c、四二一頁、四二七頁、四三〇―四三一頁〕。

亀島は、太宰の死にまつわる思い出について短いエッセイを何本か書いている。その自殺以後、「太宰治論」の類は後を絶たないが、「その殆どすべてに共通した盲点」があり、太宰の「非常にまともな人間としての」〔傍点は原文。豊島・椎名ほか、一九四八、一一一頁〕面が評価から抜け落ちている、と亀島は強調する。実は、『適書150選』の選考に際しても、太宰が「現在の高校生に奨めるに最も適したものであるか」が議論になったと言う〔傍点は原文。亀島、一九六一、一〇五頁〕。「あなた〔太宰〕の礼儀正しさ、細かい気配り、親身になって考える心配性、謂わばあなたのあの諧謔に富んだ逆説の蔭にかくれた「まともさ」をどれだけの人が正当に理解し得た」〔亀島、一九九三、下、二七五頁〕か。太宰の人物像をこうして問題にするのは、その晩年に身近に接した者の義務感からというよりも、作家としての太宰を「裏返しになつた人民の作家」〔同書、下、二七六頁〕として正しく位置づけたいという願いがあったからだろう。

その亀島が作家としての太宰治をトータルに取り上げたのは、一九八一年九月二六日、群馬県民会館で行なわれた講演会「道化の文学――面影の太宰治」が最初で最後だった。この年の三月、群馬県高校教員〔前橋第二高校〕を退職していることを考えれば、そこには大学教員の「最終講義」に準《なぞら》えるような、何らかの「総決算」的な意味合いがあったものと推察される。その講演録は印刷されて小冊子となり、亀島自身がそれを群馬県立図書館に寄贈している。

「面影の太宰治」という副題からも窺えるように、交流の思い出から始まって、芥川龍之介との比較を交えながら、太宰治の全体にわたって言及が見られる。随所に亀島が温めていたであろう着想が披瀝される。たとえば、「トカトントン」については、一九八一年の講演会時点では、「特に重大な注意を払った論文」等はなかったとしたうえで、この作品は太宰自身の意図を越えたところにその意義があると考察している。

復員した二六歳の青年が、物事に感激し、奮起しようとすると、どこからともなく「トカトントン」というトンカチの音が聞こえてきて、途端にやる気をなくしてしまう。その悩みを作家に手紙で打ち明け、アドバイスを求める。作家はそれに回答を与えるが、亀島に言わせればその回答は「トンチンカン」なものであり、むしろ省略したほうがよかった。

「トカトントン」は、サルトルが『嘔吐』（一九三八年）で描いた「実存」の問題を、サルトルよりも遥かに軽快に叙述した作品として亀島は評価する。そのテーマ設定自体が日本文学のなかでは画期的だったと言う。ただし、太宰自身は、サルトルも実存主義も意識していた気配はないと亀島は見ている。実際に『嘔吐』の邦訳（白井浩司訳）が青磁社より刊行されたのは一九四七年二月で、「トカトントン」は『群像』一九四七年一月号に発表されている。

ところが、亀島の講演から二五年も経った二〇〇六年に、小野才八郎が「太宰治再読――「トカトントン」と「嘔吐」（サルトル）」という論文を発表する。太宰の五八回忌にあたる二〇〇五年の「桜桃忌」で参会者にアンケートをとったところ、そのなかの一つに、「トカトントン」について、「サルトルの「嘔吐」を思い出した。何か繋がりがあるのではないか」と書かれていたという。青森での直弟子にあたる小野は、青森・金木町の生家で書かれた最後の作品と言われる「トカトントン」の成立を間近で見ていた者として、サルトル『嘔吐』との関係を証言することとなった。

太宰は、小野らを前に、『展望』（一九四六年一一月号）に掲載された田邊元「実存の単独性と無の社会性――キェルケゴールを中心として」を示しつつ、こう言ったと言う。

「私の今の考えは実存主義に近い。が、サルトルは甘いね。『嘔吐』など」〔小野、二〇〇八、九〇頁〕

当時の『展望』には、田邊らの哲学論文にまざって、太宰の「冬の花火」（一九四六年六月号）や「ヴィヨンの妻」（一九四七年三月号）も掲載されている。太宰が、「実存主義」にある程度の知識をもっていたことは充分にありえるし、小野の証言に基づけば、むしろサルトルを意識的に越えるべく執筆していたことになる。小野は、この論文の最後を「太宰文学、特に戦後の作品について、実存主義の立場から見直すということも、意義のないことではないと思う」〔同書、一〇六頁〕と結んでいる。

ただし、小野の語るこのエピソードには疑問も残る。田邊論文の掲載号は一九四六年一一月号であるにもかかわらず、小野は、一九四六年二月号と誤認識したうえで、太宰のこの発言を一九四六年三月としている。「年譜」（『太宰治全集』一三巻、筑摩書房、一九九九年）によれば、太宰が青森・金木町の生家を出て、東京に向かうのは一九四六年一一月一二日のことなので、発言は一九四六年一〇月か一一月と見るのが妥当だろう。

発言の時期を一九四六年三月としても一〇月ないし一一月としても、いずれにせよ『嘔吐』邦訳出版以前のことである。とすれば、太宰はフランス語原文で『嘔吐』を読んでいたことになるのだろうか。

太宰は、東京帝国大学文学部仏文学科に入学したとはいえ、その徹底した不勉強ぶりについては、旧制弘前高校、東京帝国大学を通して同期だった大高勝次郎が述懐している〔大高、一九八二、三五頁、五五頁〕。太宰自身が「逆行」（一九三五年）のなかで、大学での試験に際し、フランス語で書かれた問題文の意味すらわからず、「われはフランス語を知らぬ。どのやうな問題が出ても、フロオベエルはお坊ちやんである、と書くつもりでゐた」〔太宰、一九九八a、一八八頁〕と述べているのも、あながち誇張とは思えない。

実は、『嘔吐』白井浩司訳は、全体の二割程度に当たる最初の部分が、一九四〇年、『文化評論』一号、二号に掲載されている。完訳に向けて分載をつづけることが予定されていたが、同誌が二号で廃刊となったために、以後の「訳稿は篋底に眠ることとなった」〔白井浩司、一九七八、二八八頁〕という。太宰は『文化評論』で『嘔吐』を知っていた、と考えられよう。

太宰が言ったとされる「サルトルは甘い」という言辞に、どれほどの重みがあったのか。キルケゴールやサルトルの実存主義について、太宰にどの程度の造詣があったのか。ともかく、小野論文によって、亀島の先見的な見立てに改めて光が当てられたことは確かだろう。

『惜別』の魯迅像

亀島にとって、「芳蘭伝説」以来の「共産主義」をどう捉えるかという問題は、おそらく解決されないままに残っていた。亀島だけではなく、『近代文学』同人にとって、「共産主義」をめぐる政治と文学の問題は、かつて避けて通れないものとしてあった。

太宰をめぐっても、「共産主義」との関わりは一つのテーマとなっていた時期がある。旧制高校・大学時代に、共産主義への接近から離反という思想遍歴があり、しかしその点について本人がほとんど語っていないことから、さまざまな推論が試みられることになった。

相馬正一「太宰治とコミュニズム」（一九六七年）が、関係者の証言等を得て、太宰には「コミュニズムそのものに対して主体的に志向し行動した事実はなく、いずれも二義的理由や外在的な力の作用によって止むを得ず接触したことが明らかになった」（相馬、一九七八、二二八頁）という一応の結論を提示している。ただし、「共産主義」を党派活動に狭く限定しなければ、鶴見俊輔のように「マルクス主義の理論をすどおりした形で、その理論の指さす共産主義の理想は、彼の作品の中に、左翼活動からの離脱の後にも、住みついてはなれない」（鶴見、一九九一、三六八―三六九頁）と見ることも可能だろう。亀島の講演以後になるが、川崎和啓「太宰治におけるコミュニズムと転向」（一九九〇年）もまた、「相馬氏が調べあげた事実はあくまでも太宰をとりまく状況証拠」に過ぎないとして、相馬論文に疑義を呈している（川崎、一九九四、二〇七頁）。

亀島は、鶴見「太宰治とその時代」（一九七三年）には講演でも言及しているから（亀島、一九八一、一六―一七頁）、鶴見の右の見解はもちろん知っているはずだが、とりあえずこの問題に深入りはしない。そして、太宰における「政治と文学」を広く考えた場合に、『惜別』（一九四五年）は看過できない問題を孕んでいる作品であると言う。

太宰が戦時中、「時局に便乗し、ファシズムに迎合することない、文学者の良心を護ることに於て、清潔の人であった」ことを亀島は認める。しかし太宰においても、「戦争・ファシズムは一点の翳を落とさなかった訣《ママ》ではない」。魯迅の日本留学時代を描いた伝記的作品である『惜別』は、戦時中に執筆され、戦後まもなく一九四五年九月に朝日新聞社から刊行された。この作品は、「魯迅を侮辱するに近い」筆致で書かれ、「魯迅を以て示される剛毅強靱な精神についての、不感症に近い無知」（亀島、一九八一、五七頁）を表わしていると、呵責のない批判を浴びせる。講演中で太宰を批判したのはこの一箇所だけである。「繊細鋭敏の神経の持主たることを自他共に許した太宰における、この鈍感ぶり」は「何に由来するのか」（同書、五七頁）。

亀島は、その「由来」について何も語ってはいない。問題を投げ掛けているだけである。亀島にとって『惜別』の何が問題だったのか。それは、太宰文学の根幹に関わる問題として意識されていたはずである。

『惜別』批判に先鞭をつけたのは、魯迅の研究者・翻訳者である竹内好だった。竹内は、『惜別』の問題点の一つとして「幻燈事件」を挙げていた。その事件については、魯迅「藤野先生」（一九二六年）にも、小田嶽夫『魯迅伝』（筑摩書房、一九四一年）にも書かれていて（小田嶽夫、一九六六、四二頁）、太宰はそれらを参考資料として書いている。

魯迅が仙台の医学専門学校（現在の東北大学医学部）に留学中、細菌学の授業の合間に日露戦争のフィルムが映され、そのときのショックで医学の道を捨てることを決意する。伝記中の重大事件が「幻燈事件」である。

「［中国人が］ロシア人の探偵をつとめて日本軍に捕らえられ、まさに銃殺されようとしているのである。それを取り囲んで見ているのも中国人である。そして、講堂にはもうひとり私がいた。／「万歳」学生たちは手を叩き歓呼した。／こうした歓呼はフィルム一枚ごとにつきものだったが、私にとって、この時のそれはとりわけ胸にこたえた。……ともかくこの時、この場所で、私の考えは変わった。」（魯迅、一九八五、一七四頁）

ロシアのスパイとして中国人が銃殺される現場の周りを中国人たちが囲んで見ているという光景である。そのフィルムを見て、同級生の日本人学生たちが拍手を送っている。その場にいた魯迅がどのような心境であったか。太宰『惜別』では、魯迅に擬せられる「周」は、級友の「田中」にその心境を次のように語っている。

「僕の国の民衆は、相変らず、あんなだらしないありさまでゐるんですねえ。友邦の日本が国を挙げて勇敢に闘つてゐるのに、その敵国の軍事探偵になる奴の気も知れないが、まあ、大方お金で買収されたんでせうけれど、僕には、あの裏切者よりも、あのまはりに集まつてぼんやりそれを見物してゐる民衆の愚かしい顔が、さらに、たまらなかつたのです。あれが現在の支那の民衆の表情です。」（太宰、一九九八d、二八八頁）

しかも、医学から文学への転換は以前より徐々に準備されていたもので、この「幻燈事件」は「総決算の口実の役目を勤めた」〔同書、二八七頁〕に過ぎないと、「田中」に解釈させている。

竹内は「『惜別』の印象はひどく悪かった。彼だけは戦争便乗にのめり込むまいと信じていた私の期待をこの作品は裏切った。太宰治、汝もか、という気がして、私は一挙に太宰がきらいになった」〔竹内、一九八一a、六六–六七頁〕と述べている。一言で言えば、「魯迅の受けた屈辱への共感が薄い」〔竹内、一九八〇a、一九五頁〕という批判である。* 『惜別』のなかでは、「周」の屈辱感は、もっぱら中国人としてのコンプレックスに依拠していて、日本人の差別意識に対する抵抗感は描かれていない。もっと大きく言えば、当時の日中関係に対して、太宰が何の疑問を抱かずにいることが問題の焦点と言っていいだろう。中野重治は、若き魯迅を「革命の方へ、また文学の方へ押しやったものは、直接には、中国にたいする日本帝国主義の魔手、ほかならぬわれわれの国の侵略と圧迫との手であった」〔中野、一九九七c、六二九頁〕と断じている。

＊　中国文学者の藤井省三は、「『惜別』の魯迅像は竹内による批判とは反対に、魯迅の実像に肉迫しているというべきであろう」〔藤井、二〇一五、一八〇頁〕と述べている。

『惜別』一九四五年九月初版では、日露戦争について「これではまるで支那の独立保全のために日本に戦争してもらっているようにも見えて」と「周」が語っている。この部分は再版では削除されているものの、尾崎秀樹は、「この程度の削除で戦後に通用すると考え、しかもそれを魯迅にいわせているということはゆるせない」〔尾崎、一九七七、二〇六頁〕と怒り、「太宰における政治は心情における政治で」〔同書、二〇七頁〕あるに過ぎないと述べる。

鶴見俊輔が『惜別』に向ける目も厳しい。「日本の天皇制が、必ず、アジアの異民族への侵略と植民地化の可能性を含んでいるものかどうか。「必ず」かどうかのところに、私はうたがいをもっている。しかし、明治以後百年余りの歴史においては、「いつも」天皇制はアジア侵略と植民地化への努力と手をきることはなかったということを、認めるほかない。戦後においても、その関係はのこっている。魯迅研究家として、太宰は、もし当時の占領地域に行ったとしたら、アジアの民衆の眼をもって日本の天皇制を見ることをまなんだだろう」〔鶴見、一九九一、三九四頁〕。

ここで鶴見が指摘している「アジアの民衆の眼をもって日本の天皇制を見ること」は、まさに亀島が「芳蘭伝説」等で追求してきたことだろう。亀島は、太宰がときに見せる「貴族」的な風情とは裏腹に、その文学が「裏返しになつた人民の文学」であると見据えていた。「恥しらずな日本貴族」たる武者小路実篤の対極にある作家として位置づけていた。だからこそ、中国における「人民の文学」の代表格である魯迅への太宰の共感を亀島は当然のことのように前提にしていたのではないだろうか。

「人民の文学」との関係でさらに言えば、亀島には、魯迅と中野重治との「二重写し」があったのではないか、という仮説も立てられよう。武田泰淳は、「魯迅と中野重治」という短文のなかで、この日中の傑出した人物について「この二人は生きているだけで、こっちを肌寒くさせる。ぬるま湯につかろうとしているのに、氷の棒か焼火箸を突き出されたようで、安閑としていられなくなる」〔武田、一九七九、三五八頁〕と語っている。栗原幸夫は、さらに具体的に、魯迅『阿Q正伝』（一九二三年）について次のように言う。

「魯迅は阿Qを徹底的に批判しました。しかし同時に彼は阿Qを愛し、自分も一人の阿Qなのだという自覚を持っていました。それは、この阿Qだけが中国に本当の解放をもたらすことが出来ると考えたからです。阿Qが変わらないかぎり中国に希望はないと考えたからです。」〔栗原幸夫、二〇一〇、六二頁〕

「阿Qとともに歩み、阿Qとともに変わっていこう」というのが魯迅の志であり、その点において、「中野重治と魯迅が二重写しのように見え」ると栗原は言う。

中野重治を「人民の文学」の代表と見なし、敬愛して止まない亀島が、こうした魯迅像をもっていたとすれば、その過剰とも言える『借別』批判に込めたパッションも理解できないことではない。『借別』のなかの「周」は、中国人の「精神の革新」、「国民性の改善」について熱く語ってはいるが、上からの啓蒙的なまなざしのほうが前面に出ている。「阿Qを愛し、自分も一人の阿Qなのだという自覚」のうえで、「阿Qとともに歩み、阿Qとともに変わっていこう」という、「人民の文学」に相応しい志は見えてこない。少なくとも亀島の目にはそう映った。

亀島が投げかけた、魯迅に対する太宰の「無知」や「鈍感」が何に由来するのかという問題に立ち戻ることにしよう。太宰に即して考えた場合、亀島の指摘する「無知」や「鈍感」が果たして妥当するのかという問題はさておくとして、ともかくも亀島が太宰の思想に深刻な矛盾を見ていたことは確かだろう。この問題に当たっては、鶴見が挙げている一九四六年一月二五日付・堤重久宛書簡が緒《いとぐち》になるように思われる。その書簡には、「若し文献があつたら、アナキズムの研究をはじめよ。倫理を原子《アトム》にせしアナキズム的思潮、あるひは新日本の活力になるかもしれず」と「天皇は倫理の儀表として之を支持せよ。恋ひしたふ対象なければ、倫理は宙に迷ふおそれあり」という二つの命題が並んで書かれていた（太宰、一九九九b、三四五頁）。

天皇（制）とアナキズムとの両立というこの自己矛盾的な発想は、実はアナキスト・石川三四郎にも共通している。一九四六年に書かれた「無政府主義宣言」では、日本および日本人を救うべく権威・権力なき無政府主義社会をつくることを目指しながら、その団結のために平和主義者たる今上天皇（昭和天皇）を仰ぐという、わかりにくい展望が示されている（石川、一九七八、七三頁）。そのために、この文書は二〇年余り陽の目を見ることがなかった（大原、一九八七、二四八頁）。アナキストの石川が、思想的にはその対極にあって、相容れないはずの民族主義者、葦《あし》津《づ》珍彦《うづひこ》や夢野久作と同質な思想構造をもっているようにも見えてしまう（高草木、二〇一三、二一八頁）。

亀島の言う「裏返しになつた人民の文学」として太宰文学を捉え返すとすれば、「裏返しになつた」が「人民の文学」にかかることはもちろん、「人民」にかかりうることにも着目しなければならない。石川三四郎や夢野久作においてもそうだったように、「裏返しになつた人民」としての「天皇」像を太宰にも認めることができるのか。「天皇」をもって、何を表象させるのか。亀島が指弾する太宰の魯迅に関する「無知」や「鈍感」は、実は広く近現代日本の思想家たちが共通にもつ隠れた鉱床に由来するものであったのかもしれない。そうだとすれば、亀島の要請は、意想外に長大な射程をもっていたことになる。

「道化」概念の転換

亀島の講演会「道化の文学――面影の太宰治」の中心にあるのは「道化」という概念である。太宰をして「道化の文学」とするのは、余りにも凡庸で、この講演会当時においても、既に使い古されたものだった。もちろん、亀島はそのことを充分に承知している。福田恆存「道化の文学」（一九四八年）や神西《じんざい》清「斜陽の問題」（一九四八年）、さらには清水昶『太宰治論』（思潮社、一九七九年）等を引きながら、従来の「道化」の意味を解説することから論を起こしている。

太宰自身、「道化の華」（一九三五年）で「道化」をタイトルにしているだけではなく、『人間失格』等でも「道化」を鍵概念として使っている。「おもてでは、絶えず笑顔をつくりながらも、内心は必死の、それこそ千番に一番の兼ね合ひとでもいふべき危機一髪の、油汗流してのサーヴィスでした」（太宰、一九九九a、四〇四頁）。こうした太宰の「道化」概念を、亀島は「「人間に対する」「求愛」＝「サーヴィス」（奉仕）」（亀島、一九八一、四三頁）と位置づけている。『津軽』（一九四四年）に端的に見られるような、律儀・実直な「津軽人」としての素顔を隠すための含羞《がんしゅう》、韜晦としての「道化」でもある。こうした「心優しき道化」のイメージは、多くの太宰ファンが共有している「常識的」なものであるには違いない。一九五六年に、青森県東津軽郡蟹田の観瀾山《かんらんざん》に建てられた太宰の碑には、『正義と微笑』（一九四二年）から採った「かれは、人を喜ばせるのが、何よりも好きであつた！」（太宰、一九九八c、二三〇頁）というフレーズが佐藤春夫筆で刻まれている（三枝、一九六五、二三三頁）。

しかし、それは、「作者たる太宰の意の儘に操縦された結果」とは言えないか。太宰の「道化」は、実は作者が意識している以上の含意をもっているのではないか。

「第一級の芸術作品というのは、作者自身すらもが予期しなかった、殆ど全く彼の思案の外にあった結果＝芸術的効果を、往々にして、示すものである。」（亀島、一九八一、四七頁）

こうした認識が亀島の主張の根幹にあり、「道化」に新たな概念を付与して太宰文学をその観点から捉え直して見ることが、この講演会の主眼となっている。

新しい「道化」概念で太宰を捉え直すには、山口昌男『道化の民俗学』（一九七五年）等が格好の素材を提供している。ポール・ラディンらが北米先住民族（ウィネバゴ族等）のトリックスター神話を収集、考察した『トリックスター』（一九五六年）の邦訳書の解説で山口は次のように述べている。

「道化＝トリックスター的知性は、一つの現実のみに執着することの不毛さを知らせるはずである。一つの現実に拘泥することを強いるのが、「首尾一貫性」の行くつくところであるとすれば、それを拒否するのは、さまざまな「現実」を同時に生き、それらのあいだを自由に往復し、世界をして、その隠れた相貌を絶えず顕在化させることによって、よりダイナミックな宇宙的次元を開発する精神の技術であるとも言えよう。」（山口、一九七四、二九四―二九五頁／亀島、一九八一、五〇頁）

山口自身はさらに、ヨーロッパ、アフリカ、インドや日本の神話・説話を縦横無尽に渉猟して、独自の世界を築き上げた。いたずら者、ペテン師、詐欺師でありながら神性を帯びる、両義的なトリックスターを祖型として、「道化」を再生させる試みが行なわれた。

大江健三郎は、こうした文化人類学、民俗学等の研究蓄積を日本の戦後文学の解釈にも取り入れることを試みる。たとえば、戦場の究極の飢餓のなかで人肉を喰うかどうかを迫られる、大岡昇平『野火』（一九五二年）の主人公や、料理に対する激しい執着によってカーニバル的志向を表わす、檀一雄『火宅の人』（一九七五年）の主人公を、トリックスターとして捉え直してみせた（大江、一九八一、一七五―一九九頁）。

亀島もまた、山口らに刺激されて、太宰の従来の「道化」概念を一新して、太宰の全作品の読み直しを提唱するが、太宰文学を「道化＝トリックスター」として捉え返す試みは、亀島以前にも既に行なわれている。たとえば、野島秀勝は、一九七七年の時点で、「喝采」（一九三六年）における「わが身は蝙蝠《こうもり》」（太宰、一九九八b、二四頁）という文言から、「〈蝙蝠〉は、聖と俗、昼と夜、秩序と混沌、人間と人非人、凡そありとあらゆる二つの極の間を自在にゆきかう永遠の悪戯者《トリックスター》、一所不在の異形の者、道化にまことにふさわしい鳥ではないか」（野島、一九七七、二四四頁）と述べ、福田恆存等の「道化」概念を突き抜ける解釈を施している。野島は、「道化」の本質を「ハンディ・ダンディ」という子供の遊戯に準える。つまり、片方の掌のなかに何かを隠して、両のこぶしを出して、どちらにあるかを当てっこする遊びである。

「「歴史的悪役」「強烈なアンチテエゼ」「反立法」、マイナス存在……なるほどこれらは道化の本質的性格の一面にはちがいない。が、それはあくまでも道化の一面であって、道化はそういう自らのマイナス存在に固着するものではない。彼の本質はマイナスでありながら同時にそこからも離れているというあの〈ハンディ・ダンディ〉のなかにこそある。さもなくば、道化の闊達自在のレトリックも成立し得べくもないだろう。」（同書、二五三頁）

野島論文には、山口の著書は註記されてはいない。山口『道化の民俗学』以前に、シェイクスピアを中心とする英文学の領域から『近代文学の虚実――ロマンス・悲劇・道化の死』（南雲堂、一九七一年）を著し、「道化」概念に着目していた。たとえば、『お気に召すまま』（一六二三年）のなかの道化タッチストンを、「ハンディ・ダンディの論理」で説明している〔野島、一九七一、三三三頁〕。太宰についても、単に他人を喜ばせるための「道化」ではなく、二つの異世界を自在に飛び交う「道化＝トリックスター」という観点からの解釈が試みられている。

亀島は、この野島論文を知ってはいるが、影響を受けた形跡はない〔亀島、一九八一、五六頁〕。

亀島の議論は、文化人類学や民俗学あるいは英文学の領域の成果に則ったものというよりも、ずっとシンプルなものだろう。従来の「道化」概念は、一つの「仮面」であり、「真実」の自己の裏側であったり、変形された側面であったり、というものだったが、この「仮面」という概念を「道化」から外すことを亀島は主張する。

「真実の自己（A）が固定的に在り、ある状況に応じて、それが「道化」A′となり、A″となるというのではなくて、それぞれの場におけるA・A′・A″……のすべてが、その折その折における、偽りない自己自身であって、その何れを真実の自己とし、他をイツワリの、或いは仮装した「道化」の自己とするものではなかったに相違ない。」〔同書、四九頁〕

「太宰が、当初、仮面としてかぶった「道化」は、いつの頃からか、彼自身、その顔から自由に着脱できぬ「生面」となった」と解釈すれば、もはや他者を喜ばせる「道化」を演じているわけではなく、さまざまな「道化」の総体として、その人格が表現されている。トリックスターであるからこそ、相異なり、相反する複数の「生面」をもつことができる、ということだろう。だから、山口の言う「さまざまな「現実」を同時に生き、それらのあいだを自由に往復し、世界をして、その隠れた相貌を絶えず顕在化させる」という道化＝トリックスターの特徴は踏まえつつも、太宰文学における「多面的、多義的な自己」をまずはそのままに受けとめようという主張だろう。

亀島は、とりわけ太宰中期の作品群に注目している。奥野健男『太宰治論』を援用すれば〔奥野、一九五六、七一－一九〇頁〕、前期は短編集『晩年』（一九三六年）所収の「魚服記」や「思ひ出」（一九三三年）から「HUMAN・LOST」（一九三七年）まで、中期が「満願」（一九三八年）から「東京八景」、『新ハムレット』（一九四一年）等を経て、『惜別』、『お伽草子』（一九四五年）まで、後期は「パンドラの匣」（一九四五年）から『人間失格』、「グッドバイ」（一九四八年）までと分けられるが、前期、後期の作品に比べて、中期の作品はあまり人気がない〔亀島、一九八一、三二－三三頁〕。中期は、蘆溝橋事件（一九三七年）以降の日中戦争、第二次世界大戦の時期であるが、この時期にこそ太宰は多数の多様な作品群を残している。道化＝トリックスターという概念でこの時期の太宰作品を捉え直すことを亀島は提案する。

「戦争＝ファッシズムという「一つの現実」に対しても、直ちにその野蛮な圧力に屈することなく、かえって、その無法の圧力をバネとして、想像力の翼を羽搏かせることによって、「さまざまな「現実」の「間を自由に往還」＝飛翔したと考えられよう。」〔同書、五三頁〕

亀島自身は、その軍隊体験の「一回性」に固執して、あるいはそれを武器にして、〈白日の記録〉シリーズを書いた。太宰は、戦中にあっても、さまざまな世界を自由に行き来する自在な精神をもった。亀島は、自身の作家としての限界と太宰の汲めども尽きぬ可能性を対比しているようでもある。亀島が酷評する『惜別』もまた、中期の多様な作品群の一つであり、「裏返しになつた人民の文学」としての可能性を秘めたものと見なすこともできる。

ここで、問題を反転させてみよう。大学の最終講義は、一般に、数十年にわたる研究対象の総括が試みられるとともに、研究主体たる自分自身の抑制されてきた思いを吐露する場となることがしばしばある。そうした最終講義にも準えられる亀島の講演会もまた、太宰治論の形をとってはいるが、実は亀島自身のことを語っていると見なすことはできないか。亀島が自分自身を表出することに意識的であったかどうかはわからない。しかし、「作者自身すらもが予期しなかった、殆ど全く彼の思案の外にあった結果＝芸術的効果を、往々にして、示す」という太宰作品に対する評価は、おそらく、この講演そのものにも当てはまる。つまり、「道化＝トリックスター」として異なる現実を同時に生き、それらのあいだを自在に行き交う存在として、亀島自身をもまた捉えることができる。

作家として躓《つまず》き、高校の国語教師となった亀島は、その生業を「世を忍ぶ仮の姿」としていた時期もあったことだろう。しかし、「戦争体験」にひたすら拘りつづけ、その体験の一回性のなかから「戦後」を展望、構想した「作家」は、「高校教師」としての生活のなかで、高校での授業や課外活動を通して、あるいはさまざまな啓蒙活動を通して、その「戦後」を実践してきた。「高校教師」という仮面は、素顔にぴったりと吸いついて、もう一つの「着脱できぬ生面」となっていった。もはや、高校教師としての顔は仮面ではない。いっぽうで、創作の筆を折ったとは言え、「文学者」としての評論活動は生涯にわたってつづけられた。文学者と高校教師を「同時に生き、それらのあいだを自由に往復し」、そのことによって、新しい教師像をつくりあげていったとも言える。

亀島が生徒との触れ合いについて書いた、やや偽悪的な次の文章のなかにも、どこかユーモラスな、独特の教師＝生徒関係を見ることができる。そこには、亀島の考える、相手の能力を引き出し、成長を促すという「教育の合理性」が貫かれていたのだろう（第一章参照）。

「私の教える高校生の中に、それぞれに個性鮮かな少年の一群がいた。私は彼らと、週二回、読書会をもち、彼らの無智を嘲弄し、彼らの訥弁を揶揄し、彼らの辟易し、竊《ひそ》かに切歯扼腕《せっしやくわん》する状を見、徒然にして鬱屈すること多き日々の、この上ない法楽としていた。」

〔亀島、一九七七、一〇一頁〕

道化の不幸

フランスの哲学者アランは、「プロポ propos」＝語録と呼ばれる独自のスタイルで、哲学的散文を日々書きつづけながら、高校（リセ）の教師を定年まで勤め上げた。彼の影響を強く受けた教え子のなかには、アンドレ・モーロワ、シモーヌ・ヴェイユ、ジョルジュ・カンギレムらがいる。モーロワは、アランについて一冊の本を書いた〔モーロワ、一九六四〕。「教育者、これがアランの本職であった」〔パスカル、二〇〇〇、七頁〕とも言われる。

アランは、その『教育論』（一九五七年）のなかで、教師の心得として「教えるために勉強しはじめるや否や、もうひとは学びそこなっている」〔アラン、一九六〇、一一七頁〕と述べている。強調されているのは、古典的な哲学書や文学書や歴史書等の「原典」から直接学ぶことの重要性である。効率的な教育のために安直な「参考書」に頼った教材研究など行なっても、生徒に伝えるべき「真実」は教師の手から零れ落ちてしまう。およそ「教師らしくない教師」をアランは求め、自らも実践した。

では、学者的「教養」が教師に求められているのかと言えば、そうではない。アランにおいては、型に嵌まった「学者先生 pédant」はむしろ、「教養」の対極にある。「快楽、苦痛、情念、行動などに結ばれた諸観念、これが教養なのだ。要約されたもの、ここに学者先生がいる。生きている観念は遠くへは行けないし、速くも進めない。しかし人間をそっくり引っ張る。」〔アラン、一九九九、三〇頁／Alain, 1952, p.183〕。

こうしたアランの教師像を思い浮かべると、教師としての亀島貞夫の輪郭もくっきりと浮かび上がってくるような気がする。亀島もまた、「教師らしくない教師」だった。教育技術や教材研究といった一般に高校教員に求められる基礎的な「勉強」などは無視して、作家、文芸評論家としての見識に基づいて高校の教壇に立った。その「教養」は、手際のよい「要約」とはほど遠い、戦争体験に基づく情念や怨念が絡みついたものだった。亀島は、文学者と高校教師という二つの世界を自在に動く道化＝トリックスターとして生きた。

先に述べたように、亀島は、太宰に関する講演会の翌年、つまり退職の翌年の一九八二年から、「海燕の会」主催の講演会を一九九七年まで、計九三回つづけている。そのうち漱石に関する講演録は簡易製本の私家版で三〇冊近くがつくられた。一九九七年からは、「中野重治往来」というタイトルで中野の全著作の解説・解読を目指して、二〇〇七年に八六歳で逝去するまで書きつづけた。これもまた、私家版で一〇冊近くに及んでいる。仮に単行書として刊行されれば、合わせて優に一〇巻以上の『亀島貞夫集』が編まれるような分量である。創作活動からは既に降りていたとはいえ、批評家としての活動は退職後も衰えを見せず、むしろ精力的なものになっていった。

そうした亀島の講演や執筆活動を支えていたのは、高校時代に亀島の教えを受け、決定的な影響を受けた人たちだった。彼らが、講演会を組織し、講演録を冊子に仕上げた。中野重治論の原稿もまた、彼らの手で体裁を整えられ、印刷に付された。

「一流」と言われる大学に入学してはみたものの、前橋高校での亀島の授業に比べれば、何とも知的刺激の少ない、ありきたりの学説を紹介するだけの退屈な講義に嘆息する日々だったと述懐する者もいる。多感な少年期に「ほんものの知性」に出会ったことの興奮に引きずられている面が多分にあるにせよ、亀島のなかにマグマのように溜め込まれた道化＝トリックスターのポテンシャルに、強く引きつけられるものがあったのだろう。いまだ何者にもなっていない自分自身のポテンシャルと重ね合わせてみれば、亀島への思いは自由に異世界を駆けめぐる夢をも抱かせてくれた。

しかし、教え子たちの献身的な支えがあったからこそ、公刊された著作が一つもない、というパラドックスが生まれた。五〇部程度印刷して簡易製本された半著作物は、市場性を顧慮することもなく、また客観的な批評の眼に晒されることもなかった。字数制限も締切りもなく書かれたものは、やはり冗漫さを免れない。仮に彼らのサポートがなかったとしたら、亀島は、商業出版や学術出版の編集者との辛辣なやりとりのなかで、叙述のスタイルを錬磨、彫琢《ちょうたく》して渾身の一冊を仕上げることができただろうか。あるいは、文学青年の昔に帰って、書斎のなかでひとり鬱々と文学に向かい合う日々を過ごしたのだろうか。

亀島が亡くなった後、半著作物だけが彼らの手許に残った。あと一〇年もすれば、彼らの生命もまた消えかかっていく。亀島の半著作物もやがて消えていく運命にあるのだろう。亀島にもし「不幸」があるとすれば、そのカリスマ的な影響力をもって、あまりにも有能な「心酔者」をつくってしまったことであるのかもしれない。尤も、亀島自身がそれを「不幸」と認識していたはずもないのだが。

元学徒兵・亀島貞夫の著述のなかに埋め込まれた「書かれざる思想」、それは、おそらくその教育活動のなかに滔々と流れていた。いかに無様《ぶざま》ではあっても、素顔の自己から眼を逸らしてはならない。過去と向き合うことでしか、未来を展望することはできない。矛盾に満ちた社会のなかで、自己矛盾を抱えながら、身を捩るようにして考え抜き、そして生き抜け。

戦争体験をもたない高校生たちが、「書かれざる思想」の奥行きや深さにまで手が届いていたとは思えないし、細部に凝らされた意匠に鋭敏でありえたはずもない。しかし、彼らは、そのエッセンスを体ごと受けとめる感受性はもっていた。亀島が前橋高校を去ってから五十余年が経つというのに、毎年刊行される『同窓会誌』の「声」欄には、亀島の話題が絶えることなく、いまもつづいている。

むすびに代えて

ＪＲ両毛線・前橋駅から小山方面の下りに乗ると、二つ目の駅は駒形、そのまた二つ目の駅は国定である。駒形と言えば、「一本刀土俵入」の駒形茂兵衛であり、国定と言えば、「赤城の山も今夜を限り」の国定忠治である。ここは上州ヤクザ街道か、と驚く人もいるが、駒形茂兵衛のほうは、実在の人物ではなく、長谷川伸の創作したキャラクターである。ただし、その故郷は、「上州だ。勢多郡の駒形という処だ。前橋から二里ばかりの処さ」〔長谷川、一九七二、一三頁〕と説明されている。

角界からお払い箱になって一文なしの茂兵衛が取手で喧嘩沙汰に巻き込まれそうになる。「故郷《くに》のお母さんのお墓の前で横綱の土俵入りをして見せたいんだ」〔同書、一四頁〕という志をもちつづける茂兵衛に、酌婦のお蔦が、立派なお角力さんになってほしいと、なけなしの金を餞別に与えてくれる。一〇年後、お蔦は酌婦から足を洗い、飴売りで一人娘を育てている。その娘の父親で、生き別れとなっていた元の亭主・辰三郎がイカサマ師として追われてくる。そこに、お蔦に一目会ってお礼を言いたいと茂兵衛が訪ねてくる場面である。茂兵衛は、お蔦一家を救うべく、追手一味を打ち倒す。お蔦に向かって言う最後の台詞が、芝居のクライマックスである。

「お行きなさんせ早いところで。仲よく丈夫でおくらしなさんせ。ああお蔦さん、棒ッ切れを振り廻してする茂兵衛の、これが、十年前に、櫛、簪《かんざし》、巾着ぐるみ、意見を貰った姐《あね》さんに、せめて、見て貰う駒形の、しがねえ姿の、横綱の土俵入りでござんす。」〔同書、三三頁〕

この有名な台詞のなかでも、中心に据えられるのは「しがねえ」という言葉である。ここに茂兵衛の満腔の思いが込められている。「しがない」を辞書で引けば、「取るに足らない、つまらない」といった意味が書かれているが、陰影のない定義で茂兵衛の心情を推し量ることはできない。

茂兵衛は、志破れてグレた渡世人に身をやつしているのだから、確かに客観的に見ても「取るに足らない、つまらない」人物ではある。しかし、彼が自分を「しがない」と自己認識するその対極には、ありし日に描いた立派な横綱になるという夢がある。そのありうべき自己に対して、おそらくは、努力を怠り、他人の口車に乗り、自らその夢の実現を妨げてきたこれまでの人生がある。しかし、その不甲斐ない生き方もまた、自分が選んだ、選ばざるをえなかったという意味でかけがえがなく、愛おしい。それなりに精一杯生きてきた人生を、決して否定などできない。「しがねえ」の一言のなかに、憧憬と悔恨と自嘲と、そして自負とが凝縮されている。長谷川伸のこの芝居が大衆劇場でやんやの喝采を浴びるのは、誰もがどこかで躓き、夢破れ、しかしそれなりの矜恃をもって「しがねえ」日常を生きているからだろう。

駒形茂兵衛をもちだしたのは、亀島自身が『富島松五郎伝』のなかの老博徒に準えて自らの境涯を語っていることに触発されてのことである。

『近代文学』創刊三〇周年記念企画として刊行された『「近代文学」創刊のころ』（深夜叢書社、一九七七年）のなかで、亀島は、同人だった当時を述懐して、「無法松の一生」として何度も映画化・舞台化された岩下俊作『富島松五郎伝』（小山書店、一九四一年）の一節を思い起こしたという。松五郎の博打の相手が、「こんなに勝負に酔ったのは私が二十台の若い時、上州伊勢崎の幸田の与吉といふ老人と博打をうつて以来始めてだ」と言い、「賭博の本場上州で『国定忠治と賭博が打ちたけりや与吉爺と賭博をうて』とまで云はれた人だ」（岩下、一九八一、二四頁）と説明する。

　「ああ、われもむかしは男山、一時期、かの「近代文学」一家の、壺ふりなぞとは及びもないが、麒尾〔ママ〕に附してはいたのだなと、わが眼光の炯々《けいけい》たらむ場を一瞬、激しく冀念《きねん》したことであった。」（亀島、一九七七、一〇二―一〇三頁）

かつては大きな賭場で博徒として鳴らした老人に自己を投影し、過去を振り返っているわけだが、私は、むしろ茂兵衛の「しがねえ」に亀島の思いと私自身の思いを重ね合わせたい。

本来ならば、他の『近代文学』同人のように、作家や評論家、あるいは研究者として文筆に携わっていたはずだという思いは亀島のなかに確実にあっただろう。「わが眼光の炯々たらむ」日々から見れば、縁もゆかりもない群馬県の高校で国語教師を生業として生涯を終えるのは思いもよらぬことだったのではないか。かつての夢や希望の頓挫という意味では、「しがねえ」稼業に身をやつしているとはいえ、しかし、そこには茂兵衛と同じような自負があった。

一冊の著作ももたなかった亀島の思索の跡を辿った本書もまた、本来あるべき亀島自身の渾身の一冊からすれば、「しがねえ」ものには違いない。

私自身、小学生のときには、ロマン・ロランのようにスイス・レマン湖のほとりの家で執筆活動に勤しむことを夢見ていた。亀島とすれ違った頃には、『肉体の悪魔』（一九二三年）と『ドルジェル伯の舞踏会』（一九二四年）の二作を遺して二〇歳で夭折したレーモン・ラディゲへの憧憬を心に秘めていた。いま齢《よわい》七〇にならんとして、東京都心の喧騒のなかで細々と執筆をつづけている身には、そんな夢はとっくの昔に粉々に砕け散っている。

少年の日々には文学を志しながら、大学は経済学部に入学してしまい、そこから迷い道に入り込んだ。やはり「経済学」に対する違和感は拭えず、その周辺領域である「社会思想史」に辛うじて折り合いをつけて、大学院まで進んだ。一九世紀フランス社会主義思想史が研究テーマだったが、その成果をまとめきらぬうちに、脳死・臓器移植や安楽死・尊厳死問題に首を突っ込み、表題に「いのち」という言葉を含む著作を、単著で二冊、編著で三冊出す羽目になった。そしていまは高校生時代のことを思い出しながら、亀島貞夫について書いている。

目指したものにはいつもまっすぐには届かず、とりあえず足掻きながら横道へ、横道へと逸れて行くうちに、何を目指しているのかもわからぬままに私の人生のほとんどが費えてしまった。その「しがねえ」私が、「しがねえ」亀島について書いた。

高校生時代、前橋高校の図書室で『ユリイカ』誌を読んでいたら、石原吉郎が「挫折」について書いていた。石原は、「挫折」を「一人の人間の全人格的な屈伏」と定義して、「一人の人間に、二度も挫折があるとは、挫折してなお生きているとは、信じられないことだ」(石原吉郎、一九八〇、三〇一頁)と述べている。シベリア抑留の苛酷な体験を経た者には、「挫折」という言葉を軽々に使うことが許せなかったのだろう。ともかく、石原の文章に出会って以来、私も「挫折」という言葉に抵抗を覚えるようになった。

石原に従えば、亀島は当然「挫折」などしていないし、私風情がそれを口にするだけでも烏滸《おこ》がましい。亀島は、少しばかり躓いた。それだけのことである。その躓きのために、亀島は却って道化=トリックスターとして自在に生きる道を拓くことができた。躓きは、新たな希望のためにあった。躓きを重ねる「しがねえ」日々のなかにこそ、夢と希望が生きつづけるとしたら、どんな生きざまも悪くはないという思いに駆られもする。

【参考文献】

A　亀島貞夫の著作

亀島貞夫、一九四八a「白日の記録」、『赤門文学』一号。

――、一九四八b「池水は濁りに濁り」、『近代文学』三巻一〇号（二六号）。

――、一九四八c「書評：埴谷雄高『死霊』」、『三田文学』二三巻二四号。

豊島与志雄・椎名麟三・野間宏・編集同人（亀島貞夫を含む）、一九四八「生きること書くこと」、『赤門文学』二号。

亀島貞夫、一九四九a「白日の彩色」、『近代文学』四巻二号（三〇号）。

――、一九四九b「英雄はいる」、『新日本文学』四巻二号。

――、一九四九c「芳蘭伝説」、『潮流』四巻四号。

――、一九四九d「芳蘭伝説」、『潮流』四巻五号。

――、一九四九e「まず生きること」、『近代文学』四巻一〇号（三六号）。

――、一九四九f「驢馬の列――白日の記録」、『近代文学』四巻一一号（三七号）。

――、一九四九g「傷痕――白日の記録」、『近代文学』四巻一二号（三八号）。

丸山眞男・野間宏・大岡昇平・亀島貞夫、一九四九「日本の軍隊を衝く」、『知性』二巻六号。⇒丸山眞男、一九九八『丸山眞男　座談』第一冊、岩波書店。

亀島貞夫、一九五〇「時は停り……――白日の記録」、『近代文学』五巻一号（三九号）。

本多秋五・森有正・日高六郎・佐々木基一・野間宏・関根弘・亀島貞夫・荒正人、一九五〇「座談会：現代と知識人」、『近代文学』五巻五号（四一号）。

亀島貞夫、一九五一a「我が文学生活」、『近代文学』六巻五号（五〇号）。

――（白石徹名義）、一九五一b「豊島與志雄論」、『近代文学』六巻五号（五〇号）。

――（白石徹名義）、一九五二「『真空地帯』論」I～III、『近代文学』七巻八号（六二号）、七巻九号（六三号）、七巻一一号（六五号）。

――、一九五三「島」、『近代文学』八巻一一号（七七号）。

――、一九五四「島」、『近代文学』九巻一号（七八号）。

中田耕治・寺田透・関根弘・原通久・福永武彦・船山馨・青山光二・亀島貞夫・荒正人・埴谷雄高・久保田正文・本多秋五・佐々木基一、一九五四「松川事件について――同人へのアンケート」、『近代文学』九巻一号（七八号）。

――、一九五五「辛抱第一」、『近代文学』一〇巻一号（九〇号）。

――、一九五七「一つのよみかた」海燕の会。

――、一九六〇「京の夢・大坂の夢――一つの試論」、『高原』（栗生楽泉園）一五巻三号（一一八号）。

――、一九六一「編纂と「解説」との後で」、前橋高等学校選書目録選定委員会編『適書150選』前橋高等学校図書館。

――、一九六三「死後を悼む」、『太宰治研究』（審美社）五号。

――、一九六七a「『舞姫』「鑑賞指導」の問題」、『上毛国語』三〇号。

――、一九六七b「E君への手紙――大学への道」、『進学の手引』（前橋高校）第二版。

――、一九六八「勉強嫌いな君に――大学への道」、『進学の手引』（前橋高校）第三版。

――――、一九六九「三つの手紙――大学への道」、『進学の手引』（前橋高校）第四版。

――――、一九七〇「「戦後」としての野間宏」、『野間宏全集』筑摩書房、一六巻、月報（一四号）。

――――、一九七一a「その小さな影に寄せて――大学への道」、『進学の手引』（前橋高校）第六版。

――――、一九七一b「眠らざる〝時〟に（第一回）」、『文化同盟』七号。

――――、一九七二a「眠らざる〝時〟に（第二回）」、『文化同盟』八号。

――――、一九七二b「眠らざる〝時〟に（第三回）」、『文化同盟』九号。

――――、一九七二c「眠らざる〝時〟に（第四回）」、『文化同盟』一一号。

――――、一九七三「それを与うべきではない――田宮虎彦「絵本」の問題」、『上毛国語』四〇号。

――――、一九七七「「戦後文学の党派性」管見」、埴谷雄高・荒正人・小田切秀雄・佐々木基一・平野謙・本多秋五・山室静編『「近代文学」創刊のころ』深夜叢書社。

――――、一九八一『道化の文学――面影の太宰治』群馬県司法書士会。

――――、一九八四「追悼」、原通久『鶴唳記――原通久遺稿集』「原通久遺稿集」刊行委員会。

――――、一九八五『「伽耶子のために」のために』海燕の会。

――――、一九九三「架空通信」上・下、山内祥史編『太宰治論集　同時代篇』別巻、ゆまに書房。

――――、一九九六「藤波の影」、山内祥史編『太宰治研究3』和泉書院。

――――、一九九八「太宰治との別れと死」（一九七六年）、山内祥史編『太宰治に出会った日』ゆまに出版。

――――、二〇〇〇「中野重治往来（その一）」亀島貞夫。

――――、二〇〇二「「第三班長と木島一等兵」私見」、『季報唯物論研究』七九号。

――――、二〇〇七「忘れぬうちに」、『梨の花通信』（中野重治の会）五三号。

B　その他の著作

明石陽至編、二〇〇一『日本占領下の英領マラヤ・シンガポール』岩波書店。

――編・解説、二〇〇六a、富集団軍政監部行政科調査班「民族調査資料其の二　マレーの民族構成」（一九四二年）、『南方軍軍政総監部調査部・馬来軍政監部調査部報告書　一九四三～一九四五』第三巻、龍渓書舎。

――編・解説、二〇〇六b、マライ・セランゴール州政庁クアラルンプール博物館「「マラリヤ」ヲ伝播スル蚊アノフェレス」（一九四四年）、『同報告書』第二〇巻。

秋元寿恵夫、一九四八「生体解剖」、『世界評論』三巻五号。

――、一九八三『医の倫理を問う――第731部隊での体験から』勁草書房。

安部公房、一九四八「絶望への反抗」、『近代文学』三巻九号（二五号）。

――、一九九七a「平和について」（一九四八年）、『安部公房全集』第二巻、新潮社。

――、一九九七b「デンドロカカリヤ」（一九四九年）『同全集』第二巻。

――、一九九七c「赤い繭」（一九五〇年）、『同全集』第二巻。

――、一九九七d「平和の危機と知識人の任務」（一九五二年）、『同全集』第三巻。

――、一九九七e「裏切られた戦争犯罪人」（一九五三年）、『同全集』第三巻。

――、一九九七f「壁あつき部屋」（一九五三年）、『同全集』第四巻。

――、一九九七g「「壁あつき部屋」について」（一九五四年）、『同全集』第四巻。

――、一九九七h「変形の記録」（一九五四年）、『同全集』第四巻。

――、一九九七i「平和と知識人階級――精神主義の克服こそ急務」（一九五四年）、『同全集』第四巻。

荒木貞夫、一九三三『皇国の軍人精神』朝風社。

【参考文献】


アラン、一九六〇『アラン著作集』第七巻（教育論）、八木冕訳、白水社（原著：一九五七年）。

――、一九九九『アラン教育随筆』橋田和道訳、論創社。

飯島渉、二〇〇三『マラリアと帝国――植民地医学と東アジアの広域秩序』増補新装版、東京大学出版会（初版：二〇〇五年）。

飯塚浩二、二〇〇三『日本の軍隊』岩波現代文庫（初版：東大協同組合出版部、一九五〇年）。

飯塚浩二・丸山眞男・豊崎昌二、一九四九「日本思想における軍隊の役割」、『思想の科学』五巻一号。⇒丸山眞男、一九九八『丸山眞男　座談』第一冊、岩波書店。

池田重善、一九八六『活字の私刑台――暁に祈る事件の真相』柳田邦夫解説、青峰社。

石川三四郎、一九七八「無政府主義宣言」（一九四六年）、『石川三四郎著作集』第四巻、青土社。

石堂清倫、一九九一『中野重治と社会主義』勁草書房。

石原慎太郎、一九六五『青春とはなんだ』講談社（角川文庫、一九六八年）。

石原吉郎、一九八〇「海を流れる河」（一九七四年）、『石原吉郎全集』第二巻、花神社。

逸見英夫、一九六九「「わだつみ像」倒壊の報に接して」、『現代の理論』六巻七号。

伊藤松宇校注、一九二八『風俗文選』岩波文庫。

伊藤整、一九四九「解説」、『夏目漱石集』〈現代日本小説大系〉第一六巻、河出書房。

伊藤成彦、一九八一「解説」、『「近代文学」復刻版　解説・細目・執筆者索引』日本近代文学館。

井上光晴、一九八四a「虚構のクレーン」（一九六〇年）、『井上光晴長篇小説全集』第一三巻、福武書店。

――、一九八四b「地の群れ」（一九六三年）、『同全集』第一四巻。

――、一九八八a「ガダルカナル戦詩集」（一九五九年）、中村真一郎・井上光晴・開高健・北杜夫・三浦朱門『昭和文学全集』第二一巻、小学館。

――、一九八八b「悪霊の時代に」、『同全集』第二二巻。

伊部正之、二〇〇九『松川裁判から、いま何を学ぶか――戦後最大の冤罪事件の全容』岩波書店。

岩下俊作、一九八一『富島松五郎伝』中公文庫（初版：小山書店、一九四一年）。

上野光平・小林明・関根弘・中田耕治・中野泰雄・宮本治・安部公房、一九九七「二十代座談会　世紀の課題について」（一九四八年）、『安部公房全集』第二巻、新潮社。

植木哲、二〇〇〇『新説 鷗外の恋人エリス』新潮社。

植村邦彦、二〇〇一『マルクスを読む』青土社。

江川卓、一九七四「訳者あとがき」、ヤセンスキー『無関心な人々の共謀』河出書房新社。

エリボン、ディディエ、一九九一『ミシェル・フーコー伝』田村俶訳、新潮社（原著：一九八九年）。

――、二〇二〇『ランスへの帰郷』塚原史訳、みすず書房（原著：二〇〇九年）。

呉美姃《オミチョン》、二〇〇九『安部公房の〈戦後〉――植民地経験と初期テクストをめぐって』クレイン。

大江健三郎、一九八一「道化と再生への想像力」（一九七六年）、『大江健三郎同時代論集』第八巻、岩波書店。

大江健三郎・安江良介、一九八四『『世界』の40年――戦後を見直す、そして、いま』岩波ブックレット。

大島孝一、一九八二『「きけわだつみのこえ」37年』岩波ブックレット。

――、二〇〇〇「加害者たることを余儀なくされた被害者」、『わだつみのこえ』一一二号。

大高勝次郎、一九八二『太宰治の思い出――弘高・東大時代』たいまつ社。

大西巨人、一九七八―八二『神聖喜劇』全五巻、光文社。

大貫恵美子、二〇〇六『学徒兵の精神誌――「与えられた死」と「生」の探求』岩波書店。

大場健司、二〇一九「安部公房、その政治性の変遷――『安部公房全集』全30巻におけるアナキズム関連用例データベース作成とその分析」、『日本文化学報』八〇輯。

【参考文献】


奥平剛士、一九七八『天よ、我に仕事を与えよ――奥平剛士遺稿』奥平剛士遺稿編集委員会編、田畑書店。

奥野健男、一九五六『太宰治論』近代生活社。

尾崎秀樹、一九七七「大東亜共同宣言と二つの作品――「女の一生」と「惜別」」、関井光男編『太宰治の世界』冬樹社。

大佛次郎、一九四八「無人島の話」、『学生』三二巻六号。

小田嶽夫、一九六六『魯迅伝』大和書房(初版：筑摩書房、一九四一年)。

――、一九七六「「惜別」準備の頃」、『太宰治全集』第七巻、月報、筑摩書房。

小田実、一九九一「「私のベトナム」としての「小説世界」――私の自伝的小説論Ⅲ」、『ベトナムから遠く離れて』第三巻、講談社、付録。

――、一九九五「体感民主主義と植民地体験からの脱皮――日韓民主主義比較」、加藤周一・小田実・滝沢秀樹『現代韓国事情』かもがわ出版。

――、二〇一一『「鎖国」の文学』(一九七五年)、『小田実全集』評論第九巻、講談社。

――、二〇一三『随論・日本人の精神』(二〇〇四年)、『小田実全集』評論第三〇巻、講談社。

小野才八郎、二〇〇六「太宰治再論――「トカトントン」と「嘔吐」(サルトル)」、『民主文学』四八三号。

――、二〇〇八『太宰治再読』審美社。

解放、二〇一九「安部公房における1950年代のルポルタージュ研究――抑圧された「加害者意識」をめぐって」、『言語・地域文化研究』二五号。

加藤千恵子、一九九四「太宰治・コミュニズム活動への接近と離反」(一九六八年)、山内祥史篇『太宰治論集』作家論篇、第三巻、ゆまに書房。

加藤典洋、二〇一九『9条入門』創元社。

蒲生芳郎、一九六七「「舞姫」私見――その出発時における鷗外の「文学」の構想」、『文学』三五巻一〇号。

――、一九七四『森鷗外――その冒険と挫折』春秋社。

川崎和啓、一九九四「太宰治におけるコミュニズムと転向」（一九九〇年）、山内祥史篇『太宰治論集』作家論篇、第九巻、ゆまに書房。

ガンディー、一九九七『わたしの非暴力』全二巻、森本達雄訳、みすず書房（原著：一九六〇年）。

木村陽子、二〇一三『安部公房とはだれか』笠間書院。

近代文学同人編、一九六八『近代文学の軌跡――戦後文学の批判と確認』正・続、豊島書房。

――編、一九七二『政治と文学――『近代文学』の軌跡』豊島書房。

久野収、一九七五『30年代の思想家たち』岩波書店。

久野収・鶴見俊輔・藤田省三、二〇一〇『戦後日本の思想』岩波現代文庫（初版：中央公論社、一九五九年）。

久保田正文、一九四八「胃袋をたほせ」、『近代文学』三巻九号（二五号）。

――、二〇〇九『久保田正文著作選――文学的証言』小嶋知義編、大正大学出版会。

栗生楽泉園患者自治会、一九八二『風雪の紋――栗生楽泉園患者50年史』栗生楽泉園患者自治会。

栗原敦、二〇〇八a「戦後文学の志（一）――書かれ得なかったものへの眼差しをめぐって」、『実践国文学』七三号。

――、二〇〇八b「戦後文学の志（二）――亀島貞夫『白日の記録』の表現と思想」、『実践国文学』七四号。

――、二〇〇九「戦後文学の志（三）――鮎川信夫『戦中手記』と亀島貞夫『白日の記録』」、『実践国文学』七六号。

栗原幸夫、二〇一〇『わが先行者たち』水声社。

黒川みどり、二〇二四『評伝　丸山眞男――その思想と生涯』有志舎。

【参考文献】


桑原武夫、一九六一「この百冊の本を」、『一〇〇冊の本——岩波文庫より』岩波書店。

小平克、二〇〇六『森鷗外「我百首」と「舞姫事件」』同時代社。

小林多喜二、一九八二「戦争と文学」(一九三一年)、『小林多喜二全集』第五巻、新日本出版社。

コント、オーギュスト、二〇一三「社会再組織のための科学的研究プラン」(一八二二年)杉本隆司訳、『ソシオロジーの起源へ——コント・コレクション』白水社。

三枝康高、一九六五『太宰治とその生涯』審美社。

坂堅太、二〇一六『安部公房と「日本」——植民地/占領経験とナショナリズム』和泉書院。

坂本義和、一九九〇『地球時代の国際政治』岩波同時代ライブラリー。

佐々木基一、一九五二「「真空地帯」について」、『文学』二〇巻九号。

——、一九五四「赤ずきん物語——伊勢崎高校事件の背景」、『改造』三五巻五号。

佐藤忠男、一九七五『長谷川伸論』中央公論社。

佐藤春夫、一九四七「なつかしい無人島」、『苦楽』二巻一〇号。

佐藤悠、一九九一『凍土の悲劇——モンゴル吉村隊事件』朝日新聞社。

佐野学、一九五一「レーニン戦争論」、『日本及日本人』二巻六号。

サルトル、一九四〇「嘔吐」白井浩司訳(部分訳)、『文化評論』(甲鳥書林)一巻一号、二号(原著:一九三八年)。

——、一九四七『嘔吐』白井浩司訳、青磁社。

——、一九六八『実存主義とは何か——実存主義はヒューマニズムである』伊吹武彦訳、人文書院(原著:一九四六年)。

——、一九七八『嘔吐』改訂版、白井浩司訳、人文書院。

沢田和夫、一九六九『トマス・アクィナス研究——法と倫理と宗教的現実』南窓社。

澤村修治、二〇一九『ベストセラー物語【現代篇】』筑摩書房。

サン＝シモン、一九八七「ジュネーヴの一住人の手紙」（一八〇三年）、『サン＝シモン著作集』森博編訳、第一巻、
恒星社厚生閣。

椎名麟三、一九四八「戦争論」、『近代文学』三巻九号（二五号）。

シェイクスピア、一九六三「お気に召すまま」（一六〇三年）福田恆存訳、『シェイクスピア全集』第九巻、新潮社。

思想の科学研究会編、一九七八『改訂増補　共同研究　転向』上巻、平凡社（初版：一九五九年）。

柴田平三郎、二〇一四『トマス・アクィナスの政治思想』岩波書店。

清水幾太郎、一九四九「私達は兵隊だ」、『思想の科学』五巻一号。

――、一九九三「わが人生の断片」（一九七五年）、『清水幾太郎著作集』第一四巻。

清水昶、一九七九『太宰治論』思潮社。

白井健三郎、一九六八、「サルトルのヒューマニズム」、「サルトル手帖」一六号、サルトル『実存主義とは何か』

人文書院。

白井浩司、一九七八「あとがき」、サルトル『嘔吐』人文書院。

神西清、一九七八「斜陽の問題」（一九四八年）、奥野健男編『太宰治研究Ⅰ』筑摩書房。

ジャンソン／カミュ／サルトル、一九六九『革命か反抗か――カミュ＝サルトル論争』佐藤朔訳、新潮文庫（初
版：講談社、一九六八年）。

ジン、ハワード、一九八二『民衆のアメリカ史』全三巻、猿谷要監修、富田虎男・平野孝・油井大三郎訳、TBS
ブリタニカ（原著：一九八〇年）。

鈴木宜則、二〇一〇『トマス・モアの思想と行動』風行社。

関井光男編、一九七七『太宰治の世界』冬樹社。

【参考文献】


相馬正一、一九七八「太宰治とコミュニズム」、奥野健男編『太宰治研究Ⅰ』筑摩書房。

高草木光一、二〇〇五「サン-シモン――「産業」への隘路」、大田一廣編『社会主義と経済学』〈経済思想6〉日本経済評論社。

――、二〇二三『鶴見俊輔　混沌の哲学――アカデミズムを越えて』岩波書店。

高崎隆治、一九七五『戦争文学通信』風媒社。

――、一九八一『戦時下文学の周辺』風媒社。

――、一九八六『戦争と戦争文学と』日本図書センター。

――、一九八九「学徒兵の四十年――遊底を聞き残弾をかぞえる」、わだつみ会（日本戦没学生記念会）編『今こそ問う天皇制――幾千万戦争犠牲者の声に聴きつつ』筑摩書房。

高橋眞司、一九九四『長崎にあって哲学する――核時代の死と生』北樹出版。

――、二〇〇四『続・長崎にあって哲学する――原爆死から平和責任へ』北樹出版。

高橋進・中村研一、一九七八「戦後日本の平和論――一つの位相の分析」、『世界』三九一号。

竹内好、一九八〇「「藤野先生」」（一九四七年）、『竹内好全集』第一巻。

――、一九八一a「太宰治のこと」（一九五七年）、『同全集』第一三巻。

――、一九八一b「メモ二則――太宰治その他」（一九七五年）、『同全集』第一三巻。

武田泰淳、一九四八「アレ」、『近代文学』三巻九号（二五号）。

――、一九七九「魯迅と中野重治」（一九五九年）、『武田泰淳全集』増補版、第一三巻、筑摩書房。

ダゴニェ、二〇〇六『世界を変えた、ちょっと難しい20の哲学』宇波彰訳、ＰＨＰ研究所（原著：二〇〇二年）。

太宰治、一九九八a「逆行」（一九三五年）、『太宰治全集』第二巻、筑摩書房。

――、一九九八b「喝采」（一九三六年）、『同全集』第三巻。

――、一九九八c「正義と微笑」(一九四二年)、『同全集』第六巻。

――、一九九八d「惜別」(一九四五年)、『同全集』第八巻。

――、一九九九a「人間失格」(一九四八年)、『同全集』第一〇巻。

――、一九九九b「堤重久宛書簡」(一九四六年一月二五日)、『同全集』第一二巻。

――、一九九九c「亀島貞夫宛書簡」(一九四七年一一月二二日、一九四八年二月一七日、一九四八年三月三一日)、『同全集』第一二巻。

辰馬守拙、二〇二三『茗話記――江戸写本影印翻刻対訳』デザインエッグ社。

伊達功、一九七〇『近代社会思想の源流』ミネルヴァ書房。

田中仁彦、一九六九「戦没学生は二度死ぬ――ひき倒された「わだつみ像」に思う」、『朝日ジャーナル』一一巻二三号(一九六九年六月八日)。

田邊元、一九四六「実存の単独性と無の社会性――キェルケゴールを中心として」、『展望』一一号。

田畑稔、二〇一四『マルクスとアソシエーション――マルクス再読の試み』増補新版、新泉社(初版:一九九四年)。

田宮虎彦、一九五七『愛のかたみ』光文社。

――、一九七二「絵本」(一九五〇年)、『現代日本文学体系』第七三巻、筑摩書房。

田村泰次郎、一九四八「青白い腕」、『文藝春秋』二六巻一〇号。

中央檔案館・中国第二歴史檔案館・吉林省社会科学院編、一九九一a『生体解剖――旧日本軍の戦争犯罪』江田憲治・兒嶋俊郎・古川万太郎編訳、同文館。

――、一九九一b『人体実験――七三一部隊とその周辺』江田憲治・兒嶋俊郎・松村高夫編訳、同文館。

筒井千尋、一九四四『南方軍政論』日本放送出版協会。

【参考文献】


鶴見俊輔、一九六八「戦争と日本人」、『朝日ジャーナル』一〇巻三四号（一九六八年八月一八日）。

――、一九八一『戦後思想三話』ミネルヴァ書房。

――、一九九一a「太宰治とその時代」（一九七三年）、『鶴見俊輔集』第四巻、筑摩書房。

――、一九九一b「死んだ象徴」（一九七〇年）、『同集』第四巻。

――、二〇〇六『回想の人びと』ちくま文庫（初版：潮出版社、二〇〇二年）。

――、二〇二四『内にある声と遠い声――鶴見俊輔ハンセン病論集』木村哲也編、青土社。

デフォー、一九四六－五〇『ロビンソン・クルーソー』全四巻、野上豊一郎訳、岩波文庫（原著：一七一九－二〇年）。

徳永進、二〇一九『「いのち」の現場でとまどう――臨床医学概論講義』高草木光一編、岩波書店。

殿岡昭郎、一九七三「東南アジアの共産主義運動――マラヤ共産党の基本的性格」、『駒澤大学法学部研究紀要』三一号。

鳥羽耕史、二〇〇七『運動体・安部公房』一葉社。

トマス・アクィナス、一九九七『神学大全』第一七巻、大鹿一正監訳、大森正樹・小沢孝訳、創文社。

鳥居明雄、二〇一六『長谷川伸の戯曲世界2――中山七里・一本刀土俵入』ぺりかん社。

内藤寿子、二〇二二「統制下の新聞報道について考える――『夢声戦争日記』を出発点に」、『アジア・文化・歴史』一三号。

長井信一、一九七八『現代マレーシア政治研究』アジア経済研究所。

永井隆、一九九一「長崎の鐘」、『日本の原爆記録』第二巻、日本図書センター（初版：日比谷出版社、一九四九年）。

中野重治、一九九七a「ペタンと安藝海」（一九四一年）、『定本　中野重治全集』第一一巻、筑摩書房。

――、一九九七b「朝鮮の細菌戦について」（一九五二年）、『同全集』第一三巻。

――、一九九七c「魯迅先生の日に」（一九四九年）、『同全集』第二〇巻。

――、一九九八a「国家公務員法案反対」（一九四七年）、『同全集』第二三巻。

――、一九九八b「忘れぬうちに」（一九六〇年）、『同全集』第二三巻。

中村稔、二〇〇八『私の昭和史・戦後編』上・下、青土社。

夏目漱石、一九六六「坊っちゃん」、『漱石全集』第二巻、岩波書店。

新《にい》居《い》格《いたる》、一九五一「若き世代への遺言書――ブルムの獄中記」、ブルム『結婚について』福永英二・新関嶽雄訳、ダヴィッド社。

日本戦没学生記念会（わだつみ会）編、一九八二『きけ わだつみのこえ――日本戦没学生の手記』岩波文庫（新版：一九九五年）。

――、一九八八『第二集 きけ わだつみのこえ――日本戦没学生の手記』岩波文庫（新版：二〇〇三年）。

橳島《ぬでしま》次郎、二〇一二『精神を切る手術――脳に分け入る科学の歴史』岩波書店。

野島秀勝、一九七一『近代文学の虚実――ロマンス・悲劇・道化の死』南雲堂。

――、一九七七「道化失格――太宰治断章」、関井光男編『太宰治の世界』冬樹社。

野平健一、一九九二『矢来町半世紀――太宰さん三島さんのこと、その他』新潮社。

野間宏、一九四九a「兵隊ノート」、『思想の科学』五巻一号。

――、一九四九b「日本の最も深い場所――「我が道を往く」の一」、『文藝春秋』二七巻七号。

――、一九四九c「長い間喘ぎながらようやく」、労農救援会編『自由の旗の下に――私はなぜ共産党員になったか』三一書房。

――、一九五二「「真空地帯」を完成して」、『近代文学』七巻六号（六〇号）。

――、一九六三「創造を通して連帯を」、『世界』二一二号。

【参考文献】

――、一九六五「日本共産党の中の二十年」、『展望』七六号。

――、一九八七「顔の中の赤い月」（一九四七年）、『野間宏作品集』第一巻、岩波書店。

――、一九八八「真空地帯」（一九五二年）、『同作品集』第二巻。

萩原宜之、一九八九『マレーシア政治論――複合社会の政治力学』弘文堂。

バザールほか、一九八二『サン-シモン主義宣言――「サン-シモンの学説・解義」第一年度、1828-1829』野地洋行訳、木鐸社。

パスカル、ジョルジュ、二〇〇〇『教育者アラン』橋田和道訳、吉夏社（原著：一九六四年）。

長谷川伸、一九七二「一本刀土俵入」（一九三一年）、『長谷川伸全集』第一六巻、朝日新聞社。

埴谷雄高、一九七四a「戦後文学の党派性――戦後派の一員として」、『群像』二九巻二号。

――、一九七四b「戦後文学の党派性、補足」、『群像』二九巻三号。

原不二夫、一九七八「マラヤ共産党と抗日戦争――「祖国救援」「マラヤ民族解放」の交錯」、『アジア経済』一九巻八号。

――、二〇〇一「抗日戦争期のマラヤ共産党幹部」、明石陽至編『日本占領下の英領マラヤ・シンガポール』岩波書店。

――、二〇〇九『未完に終った国際協力――マラヤ共産党と兄弟党』風響社。

原民喜、一九四八「戦争について」、『近代文学』三巻九号（二五号）。

原通久、一九七七「講演会当日のこと」、埴谷雄高・荒正人ほか編『「近代文学」創刊のころ』深夜叢書社。

――、一九八四『鶴啼記――原通久遺稿集』「原通久遺稿集」刊行委員会。

氷上英廣、一九四八「平和の擁護」、『近代文学』三巻八号（二四号）。

日高六郎・上山春平・作田啓一・多田道太郎・鶴見俊輔・橋川文三・安田武・山田宗睦、一九六七『シンポジウム現代日本の思想――戦争と日本人』三省堂。

日野原重明／デーケン、アルフォンス／木村利人、二〇〇九『いのちを語る』集英社。

日比野清次、一九九九『レムパンの星――マライ軍抑留記』大空社（初版：香柏書房、一九四九年）。

ビュシェ、一九七九「『フランス革命議会史』第三二巻　序文」（一八三七年）、河野健二編『資料　フランス初期社会主義――二月革命とその思想』平凡社。

平田次三郎、一九四八「戦争は終れり」、『近代文学』三巻八号（二四号）。

平野謙、一九七五a「井上光晴」（一九六四年）、『平野謙全集』第九巻、新潮社。

――、一九七五b「田宮虎彦」（一九五七年）、『同全集』第九巻。

福田恆存、一九七八「道化の文学」（一九四八年）、奥野健男編『太宰治研究Ⅰ』筑摩書房。

福間良明、二〇〇九『「戦争体験」の戦後史――世代・教養・イデオロギー』中公新書。

藤井省三、二〇一五『魯迅と日本文学――漱石・鷗外から清張・春樹まで』東京大学出版会。

プラトン、一九七五「クリトン」田中美知太郎訳、『プラトン全集』第一巻、岩波書店。

ブルム、レオン、一九三七「幸福なる結婚」永戸俊雄訳、『婦人公論』二二巻九号。

――、一九五一『結婚について』福永英二・新關嶽雄訳、ダヴィッド社（原著：一九〇七年）。

古山洋三・石井力・中村政則・高橋武智・山口俊章・平野英雄、一九六八「戦争体験の挫折を越えて――『現代日本の思想』をめぐって」、『わだつみのこえ』四三号。

フローベール、二〇一五『ボヴァリー夫人』芳川泰久訳、新潮文庫（原著：一八五七年）。

ペルシウス／ユウェナーリス、二〇一二『ローマ諷刺詩集』国原吉之助訳、岩波文庫。

ベルナール、クロード、一九七〇『実験医学序説』改訳、三浦岱栄訳、岩波文庫（原著：一八六五年）。

保阪正康、二〇二〇『『きけわだつみのこえ』の戦後史』朝日文庫（初版：文藝春秋、一九九九年）。

【参考文献】


星野芳郎、二〇〇六『戦争と青春――「きけわだつみのこえ」の悲劇とは何か』影書房。

保知勇二郎、一九五六「「トカトントン」と私」、『太宰治全集』第八巻、筑摩書房、月報。

ポートディクソン回顧録編集委員会編、一九九二『魂の故郷シルサ丘――ポートディクソン回顧録』ポートディクソン会。

ボールドウィン、ジェームズ、一九六七『出会いの前夜』武藤脩二・北山克彦訳、太陽社（原著：一九六五年）。

本田智津絵、二〇一八「ガラン島・レンパン島――島に残る大戦の痕跡」、田村慶子編『マラッカ海峡――シンガポール、マレーシア、インドネシアの国境を歩く』国境地域研究センター／北海道大学出版会。

本多秋五、一九六六『物語　戦後文学史（全）』新潮社。

――、一九七一『戦後文学の作家と作品』冬樹社。

前橋高等学校適書目録選定委員会編、一九六一『適書150選』前橋高等学校図書館。

前橋高等学校図書部編、一九六九『適書150選』第四版、前橋高等学校図書館。

マーゴリック、デーヴィッド、二〇〇三『ビリーホリデイと《奇妙な果実》』小村公次訳、大月書店（原著：二〇〇〇年）。

松下裕、二〇一一『評伝中野重治』増訂版、平凡社ライブラリー（初版：筑摩書房、一九九八年）。

マルクス／エンゲルス、一九六〇「共産党宣言」（一八四八年）村田陽一訳、ドイツ社会主義統一党中央委員会付属マルクス＝レーニン主義研究所編『マルクス＝エンゲルス全集』第四巻、大月書店。

丸山眞男、一九九五ａ「超国家主義の論理と心理」（一九四六年）、『丸山眞男集』第三巻、岩波書店。

――、一九九五ｂ「「三たび平和について」第一章・第二章」（一九五〇年）、『同集』第五巻。

――、一九九六「憲法九条をめぐる若干の考察」（一九六五年）、『同集』第九巻。

――、一九九八『丸山眞男　座談』第一冊、岩波書店。

水野忠文、一九六七『体育思想史序説』世界書院。

水田洋、一九九九a「わだつみ訴訟について」、『わだつみのこえ』一〇九号。

——、一九九九b「開会の挨拶」、『わだつみのこえ』一〇九号。

道場親信、二〇〇三a「「反戦平和」の戦後経験——対話と交流のためのノート」、『現代思想』三一巻七号。

——、二〇〇三b「戦争経験と反戦平和——『きけ わだつみのこえ』を読みながら考えたこと」、『わだつみのこえ』一一九号。

宮城音弥、一九四九「日本兵はなぜ残虐か」、『思想の科学』五巻一号。

武者小路実篤、一九八八「ある青年の夢」(一九一七年)、『武者小路実篤全集』第二巻、小学館。

——、一九八九「戦争はよくない」(一九二二年)、『同全集』第一一巻。

モア、トマス、一九九三『ユートピア』改版、澤田昭夫訳、中公文庫(原著:一五一六年)。

森林太郎(鷗外)、一九七一「舞姫」(一八九〇年)、『鷗外全集』第一巻、岩波書店。

森村誠一、一九八三『新版　悪魔の飽食——日本細菌戦部隊の恐怖の実像!』角川文庫(初版:光文社、一九八一年)。

モーロワ(モーロア)、アンドレ、一九四〇『フランス敗れたり』高野弥一郎訳、大観堂(原著:一九四〇年)。

——、一九六四『アラン』佐貫健訳、みすず書房(原著:一九五〇年)。

安川寿之輔、一九九七『日本の近代化と戦争責任——わだつみ学徒兵と大学の戦争責任を問う』明石書店。

安田武、一九六二「戦争体験の思想化ということ」、『日本文学』一一巻二号。

——、一九六九『人間の再建——戦中派・その罪責と矜恃』筑摩書房。

——、一九七三『拒絶の思想』文和書房。

——、二〇〇二一『戦争体験——一九七〇年への遺書』ちくま学芸文庫(初版:未來社、一九六三年)。

【参考文献】


ヤセンスキー、一九七四『無関心な人々の共謀』江川卓・工藤幸雄訳、河出書房新社。

山折哲雄、二〇一一『義理と人情――長谷川伸と日本人のこころ』新潮選書。

山口昌男、一九七四「解説　今日のトリックスター論」、ラディン／ケレーニイ／ユング『トリックスター』皆河宗一・高橋英夫・河合隼雄訳、晶文社。

――、二〇〇七『道化の民俗学』岩波現代文庫（初版：新潮社：一九七五年）。

山下肇、一九九三『学徒出陣五十年』岩波ブックレット。

弓削欣也、二〇〇七「大東亜戦争期の日本陸軍における犯罪及び非行に関する一考察」、『戦史研究年報』（防衛省防衛研究所）一〇号。

吉田嘉七、一九七二『定本 ガダルカナル戦詩集』創樹社（初版：毎日新聞社、一九四五年）。

吉本隆明、二〇一四「丸山真男論」（一九六三年）、『吉本隆明全集』第七巻、晶文社。

ラディゲ、レーモン、一九五七『ドルジェル伯の舞踏会』鈴木力衛訳、岩波文庫（原著：一九二四年）。

――、一九六七『肉体の悪魔』改版、新庄嘉幸訳、新潮文庫（原著：一九二三年）。

ラディン／ケレーニイ／ユング、一九七四『トリックスター』皆河宗一・高橋英夫・河合隼雄訳、晶文社（原著：一九五四年）。

ラミス、ダグラス、一九九三「国の交戦権はこれを認めない」、『わだつみのこえ』九七号。

リルケ、二〇〇一『マルテの手記』改版、大山定一訳、新潮文庫（原著：一九一〇年）。

理論編集部編、一九九二『壁あつき部屋――巣鴨BC級戦犯の人生記』日本図書センター（初版：理論社、一九五三年）

レーニン、一九五七a「ロシア社会民主労働党在外支部会議」（一九一五年）マルクス＝レーニン主義研究所訳、ソ同盟共産党中央委員会付属マルクス＝エンゲルス＝レーニン研究所編『レーニン全集』第二一巻、大月書店。

——、一九五七b「社会主義と戦争（戦争にたいするロシア社会民主労働党の態度）」（一九一五年）、『同全集』第二一巻。

——、一九五七c「戦争についての檄」（一九一五年執筆）、『同全集』第二一巻。

——、一九五七d「「軍備撤廃」のスローガンについて」（一九一六年）、『同全集』第二三巻。

レマルク（ルマルク）、一九三〇『西部戦線異状なし』普及版、秦豊吉訳、中央公論社（原著：一九二九年）。

連合軍総司令部諜報課編、一九九一「マニラの悲劇」、『日本の原爆記録』第二巻、日本図書センター（初版：永井隆『長崎の鐘』日比谷出版社、一九四九年、併載）。

六草《ろくそう》いちか、二〇一三『それからのエリス――いま明らかになる鷗外「舞姫」の面影』講談社。

——、二〇二〇『鷗外の恋　舞姫エリスの真実』河出文庫（初版：講談社、二〇一一年）。

魯迅、一九八五「藤野先生」（一九二六年）立間祥介訳、『魯迅全集』第三巻、学習研究社。

わだつみ会（日本戦没学生記念会）編、一九七八『天皇制を問いつづける』筑摩書房。

——、一九八九『今こそ問う天皇制――幾千万戦争犠牲者の声に聴きつつ』筑摩書房。

——、一九九三『学徒出陣』岩波書店。

渡辺一夫、一九八二「感想」、日本戦没学生記念会（わだつみ会）編『きけ　わだつみのこえ』岩波文庫。

渡部芳紀、一九九四「太宰治とコミュニズム」（一九八三年）、山内祥史篇『太宰治論集』作家論篇、第九巻、ゆまに書房。

Alain, 1952, *Propos d'un Normand, 1906-1914*, tome I, Paris: Gallimard.

Burns, C. Delisle, 1934, *War and a Changing Civilisation*. London: John Lane, The Bodley Head, 1934.

あとがき

世間に知られていない人物の評伝など書いたところで、誰がそれを読むというのか。その人物の生の軌跡を掘り起こすことで、歴史の断面にどんな光が当たるというのか。そんな自問が脳裏を過《よぎ》らなかったわけではない。研究者としての問題意識は「はしがき」に述べておいたが、ここでは個人的事情について少しばかり書いておきたい。

本書の執筆に当たって、学術雑誌に載せるような体裁をとることは念頭になかった。刊行してくれる出版社の当てがあったわけでもない。研究者生活に入って以降おそらく初めてのことだが、発表の機会を顧慮することなく、ただ気の赴くままに書いた。何か書かずにはいられない、突き動かされるものがあった、ということだろう。

前橋高校を卒業した後、私は東京やその近郊、あるいはパリに住居を置き、前橋に帰ることはほとんどなかった。半世紀ばかりが経ち、長年務めた大学を定年退職して、老い先の長くないことを自覚するようになると、いったい自分が何者であったのかという問いが自然に突き上げてくる。少年時代に遡及してその答えを探ってみたいという思いに駆られた。しかし、そのときには、父は既に他界し、母は施設に入り、帰るべき前橋の家は跡形もなくなっていた。

JR前橋駅からかつての繁華街までゆっくりと歩いて回ってみると、やはり半世紀前の面影はほとんど見いだすことができなかった。かつて入り浸っていた本屋や喫茶店や食堂はどこに行ってしまったのだろうか。看板が昔のままの店に出くわすことがあっても、そこは、人も違い、空気も違い、かえって故郷の記憶を手ひどく裏切ることになった。私は、自分の「前橋」を別の形で探すほかなかった。

ディディエ・エリボンに『ランスへの帰郷』（二〇〇九年）という作品がある。『ミシェル・フーコー伝』（一九八九年）等の著書をもつエリボンは、父の死を契機に、二十歳まで貧困のうちに過ごした故郷ランス（Reims）に帰る。「私が距離を置いてきた社会的空間、それに対抗して私が自己形成をとげた精神的空間への帰還」（エリボン、二〇二〇、四-五頁）によって、彼は自身と一家の歴史を辿り、同時にフランス社会の変化を分析してゆく。

その顰みに倣えば、本書は私にとって「前橋への帰郷」という側面をもっている。私の故郷へのアンビヴァレントな思いは、エリボンのように、ひりつくような恥と屈辱を伴うものではなかった。父のツケで好きなだけ本を買い、読書三昧に耽っていた中・高校生時代は、振り返ってみれば、学校文化への不適応ゆえに幾たびも「災い」に見舞われたとは言え、押し並べて周囲の人々のさり気ない善意に包まれていたのかもしれなかった。本書で取り上げた安部公房（第二章）や太宰治（第三章）については、その頃の知識や思考が多少なりとも反映しているようにも思う。私は、亀島貞夫という人物の「躓きと希望」に論及しながら、前橋という場で亀島とすれ違った当時に、自分の原点を模索しようとしていたのだろう。自分史への渇望が、本書を書かせるもう一つのモチーフとなっていた。

本書の執筆・刊行に当たっては、亀島から直接薫陶を受けた前橋高校ＯＢの方々に資料のご提供をはじめさまざまな点でお世話になった。私自身の高校時代の恩師でもある戸部正行先生（一九六〇年卒）、栗原敦氏（一九六五年卒）、島田高志氏（一九六七年卒）、片山裕氏（一九六八年卒）、戸部龍三氏（一九七五年卒）の五人のお名前を挙げておきたい。とりわけ島田氏には、本書の執筆から刊行まで、格別のご高配を賜った。氏のご支援・ご協力なくしては本書が成立することはありえなかった。

表紙カバー等に使われた亀島の写真は、令夫人の亀島静子様、ご息女の佐藤真理様より、島田氏を介してご提供いただいた。ご協力をありがたく思う。

最後に、本書の意義をお認めいただき、読者層の限られる著作の出版を快諾してくれた花伝社の平田勝社長に心より感謝の意を表したい。編集部長の佐藤恭介氏にもたいへんお世話になった。

二〇二五年二月

高草木光一

人名索引

あ行

青山光二（1913-2008）　*137*
阿川弘之（1920-2015）　*156*
秋元寿恵夫（1908-1994）　*48*
芥川龍之介（1892-1927）　*168*
葦津珍彦（1909-1992）　*178*
安部公房（1924-1993）　*3, 9, 12, 105-111, 122, 123, 218*
荒正人（1913-1979）　*9, 73, 119, 121*
荒木貞夫（1877-1966）　*28*
アラン（Alain, 本名：Émile-Auguste Chartier, 1868-1951）　*186, 187*
アリストテレス（Aristoteles, BC384-BC322）　*85*
アンデルセン（Hans Christian Andersen, 1805-1875）　*149*
飯塚浩二（1906-1970）　*28, 29, 123*
池田重善（1915-1988）　*32*
石井四郎（1892-1959）　*47*
石川三四郎（1876-1956）　*178, 179*
石川啄木（1886-1912）　*12, 143, 156*
石田雄（1923-2021）　*94*
石田三成（1560［永禄3］-1600［慶長5］）　*50*
石原慎太郎（1932-2022）　*130*
石原吉郎（1915-1977）　*68, 69, 195*
市川為雄（1911-1985）　*20*
出隆（1892-1980）　*12*
糸井重里（1948-）　*14*
伊藤整（1905-1969）　*131, 156*
犬養毅（1855［安政2］-1932、内閣総理大臣：1931-32）　*28*
井上光晴（1926-1992）　*156-159*
今西錦司（1902-1992）　*157*
岩下俊作（1906-1980）　*193*
ヴェイユ（Simone Weil, 1909-1943）　*187*
臼井吉見（1905-1987）　*152*
宇野浩二（1891-1961）　*136*
梅崎春生（1915-1965）　*9, 143*
エリボン（Didier Eribon, 1953-）　*218*
エンゲルス（Friedrich Engels, 1820-1895）　*64*
遠藤周作（1923-1996）　*153*
大内兵衛（1888-1980）　*152*
大江健三郎（1935-2023）　*31, 153, 156, 181*
大江満雄（1906-1991）　*18, 19*
大岡昇平（1909-1988）　*26, 27, 30, 32, 33, 143, 156, 157, 181*
大高勝次郎（1910- ？）　*171*
大塚久雄（1907-1996）　*152*
大西巨人（1916-2014）　*9, 10, 19, 48, 49*
大貫恵美子（1934-）　*85*
奥平剛士（1945-1972）　*2*
奥野健男（1926-1997）　*184*
小栗康平（1945-）　*14*
尾崎秀樹（1928-1999）　*176*

大佛次郎（1897-1973） *53*
小田嶽夫（1900-1979） *173*
小田実（1932-2007） *73, 124-126, 162*
小田切秀雄（1916-2000） *9*
小野才八郎（1920-2014） *169-171*

か行

貝塚茂樹（1904-1987） *152*
加藤周一（1919-2008） *9, 162*
加藤典洋（1948-2019） *109, 124*
カミュ(Albert Camus, 1913-1960) *15, 156*
茅誠司（1898-1988） *152*
河上肇（1879-1946） *157*
川崎和啓 *172*
カンギレム（Georges Canguilhem, 1904-1995） *187*
ガンディー（Mohandas Karamchand Gandhi, 1869-1948） *104*
カント（Immanuel Kant, 1724-1804） *85*
北村透谷（1868［明治元］-1894） *143*
キルケゴール／キェルケゴール（Søren Aabye Kierkegaard, 1813-1855） *170, 171*
国木田独歩（1871［明治４］-1908） *156*
国定忠治（1810［文化7］-1851［嘉永3]） *191, 193*
久野収（1910-1999） *17, 87, 152*
久保田正文（1912-2001） *12, 105, 106, 123*
栗原敦（1946-） *46*
栗原幸夫（1927-） *80, 177*
グレシャム（Thomas Gresham, 1518?-1579） *99*
桑原武夫（1904-1988） *152-154*
ゲーテ（Johann Wolfgang von Goethe, 1749-1832） *71, 85*
ゴーゴリ（Nikolai Vasilevich Gogol, 1809-1852） *156*
小林多喜二（1903-1933） *111-117, 119, 122*
コント（Auguste Comte, 1798-1857） *74, 105, 120*

さ行

斎藤茂吉（1882-1953） *156*
佐々木基一（1914-1993） *9, 82, 133, 137-140*
佐々木次雄 *137*
佐藤忠男（1930-2022） *19*
佐藤春夫（1892-1964） *53, 180*
佐藤悠 *32*
サルトル（Jean-Paul Sartre, 1905-1980） *15, 156, 169-171*
サン-シモン（Henri Saint-Simon, 1760-1825） *64, 105, 120*
椎名麟三（1911-1973） *9, 105*
シェイクスピア（William Shakespeare, 1564-1616） *182*
志賀直哉（1883-1971） *156*
ジッド（André Gide, 1869-1951） *156*
島尾敏雄（1917-1986） *9, 11, 143*
島田高志（1948-） *11, 36, 144*
清水昶（1940-2011） *179*
清水幾太郎（1907-1988） *29*
昭和天皇裕仁（1901-1989, 在位：

1926-89） *61, 62, 178*
ショーロホフ（Mikhail Aleksandrovich Sholokhov, 1905-1984） *156*
シラー（Friedrich Schiller, 1759-1805） *85*
白井浩司（1917-2004） *169, 171*
ジン（Howard Zinn, 1922-2010） *57*
神西清（1903-1957） *179*
新藤知義 *134, 135, 139-141*
新村猛（1905-1992） *87*
鈴木禎次郎（1902？-1990） *136, 137*
スターリン（Iosif Vissarionovich Stalin, 1878-1953, ソビエト連邦最高指導者：1924-53） *76*
スタインベック（John Ernst Steinbeck, 1902-1968） *156*
スタンダール（Stendhal, 本名：Henri Beyle, 1783-1842） *156*
スノー（Edgar Parks Snow, 1905-1972） *157*
関根弘（1920-1994） *9*
相馬正一（1929-2013） *172*
ソクラテス（Sokrates, BC469-BC399） *69, 85*
ゾラ（Émile Zola, 1840-1902） *156*

た行

高崎隆治（1925-2013） *95-98, 166*
高橋和巳（1931-1971） *153, 156*
高橋武智（1935-2020） *94*
高橋雄一（1910-1976） *137*
竹内好（1910-1977） *173, 175*
武田泰淳（1912-1976） *9, 12, 105, 143, 177*
武谷三男（1911-2000） *87, 152*
タゴール（Rabindranath Tagore, 1861-1941） *19*
ダゴニェ（François Dagognet, 1924-2015） *120*
太宰治（1909-1948） *3, 12, 37, 38, 70, 71, 156, 157, 167-176, 178-180, 182-185, 188, 218*
田中仁彦（1930-） *166*
田邊元（1885-1962） *169*
谷崎潤一郎（1886-1965） *20, 99*
田宮虎彦（1911-1988） *146, 149, 150, 156, 157*
田村泰次郎（1911-1983） *99-103*
檀一雄（1912-1976） *181*
チェーホフ（Anton Pavlovich Chekhov, 1860-1904） *157*
筒井千尋 *60*
堤重久（1917-1999） *178*
鶴見俊輔（1922-2015） *2, 16-19, 22, 87, 92, 93, 102, 109, 152, 172, 176,178*
デフォー（Daniel Defoe, 1660-1731） *53*
東條英機（1884-1948, 内閣総理大臣：1941-44） *81*
徳江健（1919-1999） *20*
徳永進（1948-） *45*
ドストエフスキー（Fyodor Mikhailovich Dostoevsky, 1821-1881） *71, 82, 85*
トマス・アクィナス（Thomas Aquinas, 1225?-1274） *118*
豊崎昌二 *28*
豊島与志雄（1890-1955） *37, 38*
トルストイ（Lev Nikolaevich

Tolstoi, 1828-1910） *71, 85, 90, 156*

な行

中井正一（1900-1952） *87*
永井隆（1908-1951） *32*
長尾信 *137*
中田耕治（1927-2021） *137*
中野重治（1902-1979） *3, 12, 65, 73, 80, 86-90, 152, 156, 157, 159, 161, 162, 167, 175-177, 188*
中野好夫（1903-1985） *152*
中村克郎（1926-2012） *94*
中村真一郎（1918-1997） *9*
なだいなだ（1929-2013） *162*
夏目漱石（1867［慶應3］-1916） *71, 130, 132, 143, 144, 188*
ニーチェ（Friedrich Wilhelm Nietzsche, 1844-1900） *85, 104*
ネルー（Jawaharlal Nehru, 1889-1964, インド首相：1947-64） *124*
野上弥生子（1885-1985） *156*
野島秀勝（1930-2009） *182, 183*
野平健一（1923-2010） *167*
野間宏（1915-1991） *3, 9, 10, 26, 27, 30, 31, 33, 34, 48, 49, 63-66, 70, 72, 81, 82, 84, 143, 156, 157*

は行

バーンズ（Cecil Delisle Burns, 1879-1942） *27*
萩原朔太郎（1886-1942） *156*
萩原進（1913-1997） *20*
バザール（Saint-Amand Bazard, 1791-1832） *120*
長谷川四郎（1909-1987） *143*
長谷川伸（1884-1963） *191*
花田清輝（1909-1974） *9*
埴谷雄高（1909-1997） *9, 10, 16, 17, 38, 70, 75, 102*
原民喜（1905-1951） *9, 12, 105, 143*
原不二夫（1943-） *60*
原通久（1922-1983） *10, 137*
針生一郎（1925-2010） *19*
判沢弘（1919-1987） *19*
氷上英廣（1911-1986） *103, 104*
樋口一葉（1872［明治5］-1896） *143*
日高六郎（1917-2018） *9*
ヒトラー（Adolf Hitler, 1889-1945, ドイツ国総統：1934-45） *76*
日野原重明（1911-2017） *47*
日比野清次（1904-?） *53*
ビュシェ（Philippe Joseph Benjamin Buchez, 1796-1865） *64*
平田次三郎（1917-1985） *103, 104*
平野謙（1907-1978） *9, 73, 150, 157, 158*
広津和郎（1891-1968） *136*
ファノン（Frantz Fanon, 1925-1961） *165*
プーシュキン（Aleksandr Sergeevich Pushkin, 1799-1837） *156*
福田恆存（1912-1994） *9, 179, 182*
福永武彦（1918-1979） *9, 156*
藤井省三（1952-） *175*
藤田省三（1927-2003） *17*
二葉亭四迷（1864［元治元］-1909） *143*

プラトン（Platon, BC427-BC347） *85*
ブルム（Léon Blum, 1872-1950, フランス共和国主席：1946-47） *89*
プレヴォ（Antoine François Prévost, 1697-1763） *156*
フローベール／フロォベェル／フロオベエル（Gustave Flaubert, 1821-1880） *50, 51, 171*
ヘーゲル（Georg Wilhelm Friedrich Hegel, 1770-1831） *85*
ペタン（Henri Philippe Benoni Omer Joseph Pétain, 1856-1951, フランス国主席：1940-44） *86, 88*
ヘミングウェイ（Ernest Miller Hemingway, 1899-1961） *156*
ベルジャーエフ（Nikolai Aleksandrovich Berdyaev, 1874-1948） *85*
ベルナール（Claude Bernard, 1813-1878） *45*
ボールドウィン（James Baldwin, 1924-1987） *47*
星野芳郎（1922-2007） *166*
堀田善衞（1918-1998） *153, 156*
ホリデイ（Billie Holiday, 1915-1959） *47*
本多秋五（1908-2001） *9, 10, 137, 142*

ま行

正岡子規（1867［慶應3］-1902） *12, 156, 162*
松尾芭蕉（1644［寛永21］-1694［元禄7］） *155*
マッカーサー（Douglas MacArthur, 1880-1964） *109*
松方三郎（1899-1973） *152*
マルクス（Karl Marx, 1818-1883） *64, 85, 172*
マルタン・デュ・ガール（Roger Martin du Gard, 1881-1958） *85*
丸山眞男（1914-1996） *26-33, 75, 118, 119, 122-124, 126, 152, 157*
マルロー（André Malraux, 1901-1976） *156*
マン（Thomas Mann, 1875-1955） *85*
三木清（1897-1945） *157*
三島由紀夫（1925-1970） *2, 9, 11*
水田洋（1919-2023） *94*
道場親信（1967-2016） *114, 127*
ミッチェル（Margaret Mitchell, 1900-1949） *99*
宮城音弥（1908-2005） *31, 33*
宮沢俊義（1899-1976） *134*
三好達治（1900-1964） *156*
ミロシェヴィッチ（Slobodan Milosevic, 1941-2006, セルビア社会主義共和国・セルビア共和国大統領：1989-1997、ユーゴスラビア連邦共和国大統領：1997-2000） *125*
武者小路実篤（1885-1976） *112, 116, 176*
モア（Thomas More, 1478-1535） *117, 118*
毛沢東（1893-1976, 中華人民共和国最高指導者：1949-76） *65*
モーパッサン（Henri René Albert

Guy de Maupassant, 1850-1893） *71*
モーロワ（André Maurois, 1885-1967） *86, 88, 89, 187*
森鷗外（1862［文久2］-1922） *143, 146, 147*
森村誠一（1933-2023） *44*

や行

安田武（1922-1986） *90-93, 95, 98, 99, 165, 166*
ヤセンスキー（Bruno Jasienski, 1901-1938） *75-77*
柳田邦夫（1932-1988） *32*
山口昌男（1931-2013） *180-182, 184*
山崎富栄（1919-1948） *167*
山下肇（1920-2008） *21, 97, 152*
山田桂三（1915-2002） *20*
山田宗睦（1925-2024） *92*
山室静（1906-2000） *9, 19*
ユウェナーリス（Decimus Junius Juvenalis, 60(70)? -138(132)?） *145*
夢野久作（1889-1936） *178, 179*
横光利一（1898-1947） *26*
吉川英治（1892-1962） *99, 100*
吉田嘉七（1918-1997） *158, 159*
吉田茂（1878-1967, 内閣総理大臣：1946-47, 1948-54） *108*
吉田松陰（1830［文政13］-1859［安政6］） *143*
吉本隆明（1924-2012） *33*

ら行

ラディゲ（Raymond Radiguet, 1903-1923） *194*
ラディン（Paul Radin, 1883-1959） *181*
ラミス（Charles Douglas Lummis, 1936-） *108*
リルケ（Rainer Maria Rilke, 1875-1926） *72, 156*
林江石（1916-1942） *60*
ルソー（Jean-Jacques Rousseau, 1712-1778） *85*
レーニン（Vladimir Ilich Lenin, 1870-1924, ロシア革命政府最高指導者：1917-24） *85, 113, 114, 117, 118*
レールモントフ（Mikhail Yurevich Lermontov, 1814-1841） *156*
レマルク（Erich Maria Remarque, 1898-1970） *71, 112, 114, 116*
魯迅（1881-1936） *171, 173-179*
ロラン（Romain Rolland, 1866-1944） *85, 90, 194*
ロンドン（Jack London, 1876-1916） *156*

わ行

渡辺一夫（1901-1975） *83, 152*

高草木光一（たかくさぎ・こういち）
1956年群馬県生まれ。慶應義塾大学名誉教授。社会思想史専攻。
著書に『鶴見俊輔 混沌の哲学——アカデミズムを越えて』（2023、岩波書店）、『松田道雄と「いのち」の社会主義』（2018、岩波書店）、『岡村昭彦と死の思想——「いのち」を語り継ぐ場としてのホスピス』（2016、岩波書店）。編著・共編著に『「いのち」の現場でとまどう——臨床医学概論講義』（徳永進著／高草木編、2019、岩波書店）、『ベ平連と市民運動の現在《いま》——吉川勇一が遺したもの』（高草木編、2016、花伝社）、『思想としての「医学概論」——いま「いのち」とどう向き合うか』（高草木編、2013、岩波書店）、『連続講義 一九六〇年代 未来へつづく思想』（高草木編、2011、岩波書店）、『連続講義「いのち」から現代世界を考える』（高草木編、2009、岩波書店）、『生きる術としての哲学——小田実最後の講義』（小田実著／飯田裕康・高草木編、2007、岩波書店／2014、講談社）などがある。

書かれざる戦後思想——元学徒兵・亀島貞夫の躓きと希望

2025年4月25日　初版第1刷発行

著者 ——— 高草木光一
発行者 —— 平田　勝
発行 ——— 花伝社
発売 ——— 共栄書房
〒101-0065　東京都千代田区西神田2-5-11出版輸送ビル2F
電話　03-3263-3813
FAX　03-3239-8272
E-mail　info@kadensha.net
URL　https://www.kadensha.net
振替 ——— 00140-6-59661
装幀 ——— 北田雄一郎
印刷・製本— 中央精版印刷株式会社

ISBN978-4-7634-2169-2 C0036